Pixel

A vida de BELA FERNANDES

As histórias e os segredos do talento teen por trás das câmeras

Editora Nova Fronteira Participações S.A.
Rua Candelária, 60 — 7º andar — Centro — 20091-020
Rio de Janeiro — RJ — Brasil
Tel.: (21) 3882-8200

CIP-BRASIL. CATALOGAÇÃO NA PUBLICAÇÃO
SINDICATO NACIONAL DOS EDITORES DE LIVROS, RJ

F398v

Fernandes, Bela, 2004-

A vida de Bela Fernandes: as histórias e os segredos da jovem atriz por trás das câmeras / Bela Fernandes. - 1. ed. - Rio de Janeiro : Pixel, 2020.

160 p. ; 23 cm.

ISBN 9788555462689

1. Fernandes, Bela, 2004-. 2. Atrizes - Brasil - Biografia. 3. Autobiografia. I. Título.

20-63541 CDD: 927.92028
CDU: 929:7.071.2

Meri Gleice Rodrigues de Souza - Bibliotecária CRB-7/6439
16/03/2020 25/03/2020

SUMÁRIO

Oi meus amores!

Estou muito feliz em saber que você está com meu livro em mãos.

Decidi escrever #aVidadeBela porque, pra começo de conversa, amo ler livros. E amo também escrever cartas, músicas, histórias...

#aVidadeBela foi escrita com muito carinho e Veio do fundo do meu coração ♡

Boa Leitura

Beijos

Bela

Fernandes

IZABELA COM Z

É esse o meu
primeiro nome.
Tem gente que nem
faz ideia, né?

Desde muito nova, nas ruas da cidade em que eu nasci, as pessoas só me chamavam pelo nome que sou conhecida até hoje:

BELA FERNANDES

E podem continuar me chamando assim pelo resto da vida:

BELA FERNANDES

Mas como eu prometi contar a minha história para vocês e revelar meus segredinhos, vamos começar do começo.

Meu nome completo é Izabela Fernandes dos Santos.

Tenho 15 anos.

Nasci em Campinas no dia 10 de agosto de 2004, uma terça-feira. Minha mãe disse que fazia um dia lindo, e o sol iluminava a cidade. Morei lá até os 12 anos, depois me mudei de mala e cuia para São Paulo.

Tenho uma pintinha no nariz e outra no pescoço, que é igual à do meu irmão e do meu pai. Essa do pescoço dá pra ver que é mesmo uma pinta, mas **a do nariz é pequenininha**. Já passei cada constrangimento com ela... A galera acha que é meleca ou sujeira. Uma vez, durante a gravação de um comercial, o diretor mandou parar tudo e pediu para alguém limpar a meleca. Tem gente que fala pra eu arrancar a pinta. Sabe o que respondo?

NUNCA,

NUN-QUI-NHA.

MINHA PINTA É MEU CHARME E EU AMO ELA.

Minha mãe se chama Carolina Fernandes Vicente.

Meu pai se chama Claudemir Marques dos Santos.

Tenho um padrasto também, e ele tem um nome muito diferente: Natanaeli Barbosa Gonçalves. Muita gente pensa que é nome de mulher. Ligam pra ele e perguntam: "A senhora Natanaeli está?". Ele, furioso, diz: "HOJE ELA NÃO ESTÁ". Considero meu padrasto como pai. Eu tinha só 2 aninhos quando minha mãe começou a se relacionar com ele. Os dois se casaram quando eu tinha 5. Lembro que eu o chamava de tio, mas um belo dia eu virei e falei: "Ô, tio, eu posso te chamar de pai?". Ele ficou super feliz.

Tenho irmãos também. No total, cinco: três são de sangue, a Gabi, de 5 anos, filha da minha mãe com meu padrasto; o Giovani, de 19, e o Mateus, de 10, filhos do meu pai; além de dois irmãos de coração, filhos do meu padrasto, o Bruno, de 20, e a Larissa, de 19.

Nasci quando minha mãe tinha 21 anos. Ela engravidou aos 20. Acho que é por isso que somos tão parceiras.

Minha família é grande. Por parte de mãe, tenho um tio e duas tias, ambas com dois filhos: Felipe e Wilson, Lucas e Letícia. Meu tio Gabriel é só oito anos mais velho do que eu. Ele é tão novo que quando eu era criança eu achava que ele era mais um primo. Muitos anos depois, descobri que na verdade era meu tio.

Por parte de pai, a família não é tão grande. Tem gente da minha família que conheci esses dias. Fui fazer um evento e minha mãe falou: "Ó sua prima" — e eu nem sabia.

E agora tem mais um baby na família, a Antonella Fernandes. Minha mãe descobriu que estava grávida no fim de 2019. Veja só como ela me contou. Ela é danada!

Com a minha mãe, Carol

Bem off-road com meu primo Felipe

Modelando com Gabizinha!

Te amo, mãe!

Mãe e padrasto no meu aniversário de 8 anos

Toda prosa com a minha irmã Gabi no colo

Gabi recém-nascida sendo paparicada por mim e por nossos primos Lucas e Felipe

Gabi e eu indo pra escola com vó Marta

Minha mãe com a criançada: meus rimos Lucas e Felipe, eu e Larissa, minha irmã de consideração

Vó Marta no meu aniversário com tema de princesa

YEAH ☆

Eu estava no meu quarto, após um dia de gravações da novela *As aventuras de Poliana*, me arrumando para sair, e ela chega com essa pergunta:

"Filha, você está preparada?"

Ai, ai, quem faz esse tipo de pergunta, gente?! Eu queria ir pra casa de um amigo e ficar com o pessoal da novela, mas ela não deixou e insistiu:

"Filha, quero que fique aqui, eu preciso de você!"

Opa. Era coisa séria. Ela me perguntou o que seria pior pra mim naquele momento — e eu respondi que era ela não me deixar ir para a festinha. Aí ela falou:

"Só isso seria ruim pra você?"

O papo estava estranho. Então ela soltou a bomba:

"E se eu te contasse agora que tô grávida?"

Hã? Sabe quando sua cabeça trava?

"Meu Deus do céu! E agora? É verdade mesmo?", falei. No primeiro momento, fiquei muito nervosa. Imagine: soube que a família vai aumentar assim, do nada! Ninguém estava esperando, nem minha mãe. Depois de alguns minutos, comecei a ficar muito ansiosa com a chegada de mais um membro da família. A gente queria adotar uma criança, mas agora, pelo menos a princípio, esse plano foi cancelado. E a gente pensava em adotar justamente uma menina!

SE ESSA RUA, SE ESSA RUA FOSSE MINHA...

Brinquei muito durante a minha infância. Muito!

Eu era terrível, daquele tipo de menina que aprontava às escondidas, sabe? **Tinha carinha de fofa, tímida na frente dos outros, mas aprontava horrores.**

Minha mãe trabalhava fora e eu saía para brincar com meus primos. Morávamos muito perto uns dos outros, praticamente todos na mesma rua. Minha avó morava na esquina e, no fundo do quintal dela, tinha uma casa onde eu, minha mãe e minha tia já moramos. Aliás, minha mãe morou lá quase a vida toda. A casa, então, foi passando de geração em geração. Essa galera teve filhos, os filhos se tornaram amigos e brincavam de todas as brincadeiras possíveis.

Você já deve ter escutado aquela música:

"Se essa rua / Se essa rua fosse minha / Eu mandava / Eu mandava ladrilhar / Com pedrinhas / Com pedrinhas de brilhantes / Para o meu / Para o meu amor passar".

Era tipo isso. Aquela rua era nossa. Acho curioso quando vejo que hoje em dia muitas crianças não brincam na rua. Algumas nem descem para brincar no parquinho.

Como a gente morava em um bairro tranquilo de Campinas, as brincadeiras eram na rua mesmo. E daí que tinha carro passando? Era só fechar a rua. Pensa num monte de criança, entre 8 e 16 anos, sem nada pra fazer durante a tarde todinha. **Na época, ninguém tinha celular e as redes sociais mal existiam.** O resultado: a gente aprontava e tocava o terror nas redondezas e na casa da minha avó.

Todos os dias, sem exceção, a galera toda saía para brincar. Uma das brincadeiras era o Caça-Bandeira. Funciona assim: os participantes são divididos em dois times. Se forem vinte crianças, são dez de cada lado. Com um giz, o espaço é dividido em dois campos de tamanhos iguais. Cada time deve colocar a bandeira no local que considerar mais difícil e distante dentro do seu campo. A bandeira pode ser um pedaço de pano ou lençol – ou, no nosso caso, um chinelo. O objetivo do jogo é correr, muito rápido, no campo adversário e capturar a bandeira sem ser pego. Se for pego, congela. Não pode se mexer. Só respirar, claro, haha! O único jeito de descongelar durante a brincadeira é se alguém do seu time conseguir tocar em você sem ser pego pelo adversário. Eu amava essa brincadeira, apesar de meu time perder com frequência. E eu sempre ficava no time dos mais fracos. Meu tio gostava de ficar com a galera mais velha, e os mais velhos se juntavam e formavam um time mais forte.

Também brincávamos de Big Brother. Cada um escolhia um personagem do BBB que passava naquele ano, e meu tio apresentava o programa, bancando o Pedro Bial. Fazíamos igualzinho ao programa, inclusive com as provas, o paredão e as eliminações. Eu ficava muito brava quando era eliminada porque não podia mais brincar. Era muito legal. Eu sempre perdia, mas o importante era brincar.

Eu era sempre a "café com leite". Nunca fui muito boa em esportes. Se tinha que pular amarelinha, não fazia direito. Virar estrelinha? Esquece. **Realmente, era uma negação para esportes que envolviam bola, correr e essas coisas.** Ficava desesperada, sem saber o que fazer, quando a bola vinha na minha direção. Imagina alguém com o olho arregalado. Esse alguém era eu. A bola vinha, eu fugia. Tinha uma época na escola que virou a maior moda jogar vôlei. Era saque, levantamento, passe... E eu não acertava um movimento! Até achei que ficaria de recuperação em educação física.

Eu também era café com leite no Esconde-Esconde. Meu tio achava vááááários lugares ótimos para se esconder, e eu, no máximo, escolhia um cantinho na casa da minha avó ou escalava a árvore da rua. Resultado: todo mundo me encontrava. Eu me saía melhor na Amarelinha Infinita. É exatamente isso que você pensou: uma amarelinha com muitos, muitos, muitos números. A rua da minha avó era uma ladeirona (daquelas que deixam a pessoa com a língua de fora), e a gente ia rabiscando do começo da subida até lá no topo uns trezentos números. Pulávamos sem hora pra acabar.

Outras brincadeiras divertidas da minha infância eram :

- **ELEFANTE COLORIDO**
- **MAMÃE DA RUA**
- **PEGA-PEGA**
- **POLÍCIA E LADRÃO**

Minha brincadeira favorita? Não sei escolher uma só, mas entre as três preferidas está a do BBB, certeza!

E a sua? Quais são suas três brincadeiras preferidas?

Além de brincar, a gente fazia outras coisas, como contar histórias, ver filmes e organizar festinhas na rua.

Eu morria de medo das lendas urbanas, umas historinhas de terror que não têm nada de verdade e que se espalham por aí pelo boca a boca. Monstros, maldições, espíritos, demônios – tem lendas de tudo o que é tipo, e elas são muito comuns no mundo todo.

O Gugu Liberato tinha um quadro de "lendas urbanas" em seu programa no SBT. Eu me lembro de uma sobre a menina que vai ao cemitério, encontra uma Barbie, e a boneca começa assombrar todo mundo. Hoje, você olha e dá risada, pensa que é bobagem, mas eu tinha muito medo. Não podia assistir a essas coisas em casa, minha mãe não deixava. Ela detesta essas histórias de terror. Meu tio é o contrário, ama. Ele chegava e falava assim: "Vamos assistir às lendas do Gugu?". Eu topava, mesmo ele aprontando muito comigo. Puxava meu cabelo de leve e falava que ia jogar na privada, dar descarga e chamar a loira do banheiro. Eu chorava, mas não deixava de assistir às lendas. E era assim sempre, quase todo dia a gente via um filme de terror diferente. Quando eu voltava para casa à noite, era a mesma coisa: não conseguia dormir, pensando nas cenas que tinha visto na televisão. Minha mãe, claro, ficava muito brava.

Na Copa do Mundo, eu e a turma costumávamos a fazer vaquinha na rua. Batíamos de porta em porta, na casa de cada vizinho, pedindo dinheiro para fazer a decoração do nosso pedaço, para mandar boas vibrações aos jogadores que representavam o nosso país no Mundial. Com o dinheiro, pintávamos a rua de verde e amarelo e colocávamos bandeiras do Brasil em todos os cantos. Festa junina também tinha um esquema parecido. Uma vez, fizemos até uma prisão, cheia de galhos. Ficou muito legal!

Quase todo mundo ajudava, porque achava o maior barato a garotada organizar essas coisas. Reparou que eu escrevi "quase todo mundo"? "Quase", porque me lembro de uma mulher, uma das nossas vizinhas, que nunca dava dinheiro pra gente. Confesso que não gostávamos muito dela. Ela tinha cabelo vermelho, vivia de cara amarrada, nunca sorria e sua casa era toda escura. Todo mundo morria de medo quando ela aparecia na calçada, muitos achavam que ela era meio bruxa. Então, como ela não nos ajudava, nós não pintávamos a calçada dela. Pensando bem, era uma relação bastante problemática. Ela reclamava que a gente fazia muito barulho. Ué, o que ela esperava de crianças e pré-adolescentes soltos, brincando na rua? Ela abria a janela e berrava:

"PAREM DE GRITAR! SE VOCÊS PARAREM, EU DOU BOLACHA."

Bolacha? Não, muito obrigada. Prefiro continuar brincando. E aí, a gente gritava ainda mais. Até jogamos uma bombinha na casa dela. Não falei que eu era terrível? Haha!

Mas, hoje, eu não faria isso de novo, não.

O ZOO DA BELA

Eu tenho um verdadeiro amor pelos animais.

Mas nem sempre foi assim. Quando pequena, eu tinha medo até de formiga. Bem novinha, perto da casa da minha avó, quase fui atacada por um *pitbull*. Então eu não gostava de cachorro.

A verdade é que nunca tive muito contato com nenhum animal, mas era curiosa. Se um inseto morria, eu catava ele e ficava um tempão olhando. Adorava ver os bichinhos, tanto que, até hoje, fico no YouTube vendo vídeo de cobras, aranhas e escorpiões. Sou fascinada pelo mundo animal! Passo um tempão assistindo a programas de canais como o Animal Planet e o Discovery Channel.

Mas tudo isso mudou quando comecei a gravar o *Zoo da Zu*. Graças à minha personagem, tive de perder o medo dos bichos na marra. Foi a partir dali que pude conhecê-los melhor e me apaixonei.

Amo todos os bichos! Queria muito ter um macaco, ou um mico, em casa. Acho muito lindo, sou apaixonada. Se acontecer, quero que ele fique pendurado em mim, vai ser meu filhinho. O macaco é parecido com uma criança: você tem que educá-lo e dar uma enorme atenção.

Eu era apaixonada por uma macaca com a qual eu gravava no zoológico, a Chita. Nossa relação era incrível. Era só eu aparecer na frente do vidro, e ela colocava as patinhas pra eu tocar nela. Não é fofo demais? Eu estendia a mão e ela ficava toda feliz, fazia graça, dava beijo no vidro pra eu dar beijo nela também.

Foi durante as gravações do *Zoo da Zu* que me apaixonei por outro bichinho também. Dessa vez por um bastante diferente dos macacos, esse não tem pelos, braços nem pernas. Sim, isso mesmo! É a...

COBRA!

Confesso que eu gostaria de ter também uma cobra em casa, mas é preciso planejar direitinho, pesquisar como funciona, o que pode e o que não pode, e apresentar a ideia pra minha mãe. Não deve ser fácil, né? Mas deve ser o máximo!

E uma tartaruga? Nossa, eu adoraria ter uma tartaruguinha! Ou um jabuti!

Sabe, pensando melhor... A verdade é que eu amaria ter um zoológico dentro de casa! O Zoo da Bela! Seria perfeito!

Por enquanto, tenho um cachorro, o Barney, e uma calopsita, chamada Boy. Eu tinha um coelho, o Little, mas ele cresceu demais - irônico, não? Bom, dava pena de deixá-lo dentro da gaiola, e se ele ficava fora, fazia muita bagunça. Por isso, a gente deu o Little pra uma vizinha que tinha um quintal bem gostoso. Fizemos isso pelo bem dele. Fiquei muito triste quando ele foi embora, mas hoje eu vejo que ele está grandão, pulando para lá e para cá, o que é muito melhor do que estar preso em uma gaiola, né?

Ah, não posso me esquecer de uma coisa! Esses animais que comentei aqui, os macacos, as cobras, as tartarugas e os jabutis, são animais silvestres e precisam de todo um cuidado para serem criados em uma casa, já que o hábitat natural deles é a floresta. Por isso, sempre que pensar em comprar um animalzinho desses, é preciso avaliar bastante, pesquisar muito bem, verificar tudo o que é necessário para cuidar deles da melhor forma possível, regularizar os documentos solicitados pelo governo e, claro, pedir autorização do Ibama, o principal órgão brasileiro que toma conta desses bichinhos.

O Zoo da Zu com os atores Duda Pimenta e Erick Ryu

E você, gosta de animais?

( )sim **( )não**

Se sim, quais são os animais de que você mais gosta?

Você tem algum animalzinho em casa?

( )sim **( )não**

Se sim, qual é o nome dele (ou deles, se for mais de um)?

Se fosse para escolher um bichinho para ter em casa, qual seria?

MEU PORQUINHO TEM MOEDAS

É hábito lá em casa cada uma ter um porquinho de barro grande no quarto. Quando pequena tive dois, e fiz questão de dar nome a cada um deles: Judith e Clayton. Essa foi a maneira que a minha mãe encontrou para me ensinar a lidar com o dinheiro e, principalmente, a poupar para alcançar um objetivo maior depois. **E funcionou: me acostumei a guardar o troco que sobrava do lanche da escola, ou o dinheirinho que meus pais me davam durante um passeio.** Acho importante ter uma educação financeira desde cedo, para não sair por aí gastando tudo o que se tem na mão. Hoje, quem tem um porquinho de barro é a minha irmã. Agora, eu guardo boa parte do que recebo dos trabalhos que faço em uma conta no banco.

Sou de uma família de classe média e passei por muitos momentos em que a grana era contada. Nas férias, viajávamos pouco e meus presentes de Natal eram simples, sem grandes extravagâncias. **Não é vergonha alguma escrever isso, pois sei que muitos passam pela mesma realidade.** Tenho plena certeza de que fui uma criança muito feliz com o que tinha: brincava com meus primos na rua e com os brinquedos que a minha família me dava.

Escrevo isso porque teve um momento no início da minha carreira que a coisa apertou lá em casa. Frequentemente íamos para São Paulo porque eu tinha algum teste, e isso gerava gastos com gasolina e pedágio. Num dia, aconteceu aquilo que nós mais temíamos: minha agência ligou, me chamou para um teste na capital e não tínhamos dinheiro para ir. Como eu queria muito, entrei no meu quarto, peguei o meu porquinho, balancei, vi que tinha muita moeda e ofereci à minha mãe.

"Mãe, toma! Vê se dá para ir e voltar com isso."

E não é que dava? Tinha o dinheiro praticamente certo para ir e voltar.

Na tarde seguinte, pegamos o carro e fomos.

Ao sair do teste, dentro do carro, passamos por um famoso shopping de São Paulo em que algumas crianças ficam na frente pedindo dinheiro, vendendo bala ou fazendo malabarismo no trânsito. Eu estava meio distraída, ouvindo música, quando um menino bateu na janela do passageiro onde eu estava sentada:

"Oi, tudo bem? Você tem uma moedinha para me ajudar?"

Parei tudo e olhei para ele. O menino estava meio sujo, malvestido e com um chinelo velho, muito gasto. Fiquei com dó, peso na consciência e nó na garganta. Foi um choque de realidade. Foi uma questão de segundos. Sabia que o meu cofrinho estava no meu pé, jogado no chão do carro. Não pensei duas vezes: peguei o porquinho de barro e dei inteiro para ele. Agi com o coração.

O sinal abriu e aí lembrei que todo o dinheiro da volta dependia do meu porquinho.

Como iríamos abastecer o carro?

Como iríamos pagar o pedágio da volta?

Eu olhei para minha mãe, um pouquinho com medo, achando que ela ia me dar uma bronca. **E foi o contrário: ela olhou para mim, segurou minha mão e depois me abraçou forte.** Disse que tinha achado muito bonito o gesto e ficado orgulhosa.

Para tudo se dá um jeito. Ela ligou para o chefe dela, pediu um adiantamento e, para nossa sorte, foi aceito.

Deu tudo certo.

Naquela noite, deitei na minha cama e pensei muito naquela criança. Gostaria de poder ajudá-la mais, mas tenho certeza de que o meu porquinho, aquele mesmo em que eu colocava as moedinhas que sobravam do meu dia a dia, ajudou o dia de uma família.

O DIA EM QUE EU RE-NAS-CI

Preciso fazer uma pausa no livro para contar a história do que considero ser meu renascimento. Sim, essa é a palavra certa para definir o que aconteceu comigo. Eu nasci duas vezes: no dia 10 de agosto de 2004, quando vim ao mundo, e no dia 23 de outubro de 2008, com a história que vou contar neste capítulo. **É um marco na minha vida.**

Eu tinha acabado de completar 4 anos e tive uma linda festa com o tema da Branca de Neve. Estava todo mundo feliz. Após a festa, decidimos ir para um clube perto da casa da minha tia com toda a família. Meus primos e eu, para variar, chegamos e fomos direto para a piscina. **Estávamos brincando quando comecei a passar mal**. Chamei a minha mãe e disse que estava com dor na barriga. A princípio, ela pensou que fosse frescura. Sou meio dramática mesmo. Em certos momentos, fazia um drama danado, tornando tudo maior do que era. Qualquer coisinha que acontecia eu fazia um show. Criança, né?! **Talvez por isso minha mãe não tenha levado a sério esse primeiro sinal de um dramalhão que só se revelaria mais tarde.**

Minha avó, por outro lado, ouviu minha reclamação, me tirou da piscina e me colocou numa cadeirinha na sombra. Eu dormi, sosseguei.

Ao despertar, estava com febre. Voltamos para casa e nem aproveitamos mais.

Nas horas seguintes, a febre não parava de aumentar. Remédio nenhum resolvia.

Fomos ao médico. Não era só a febre que estava me deixando mal, mas aquela dor na barriga, que ficava cada vez mais forte. Tão forte que me fez vomitar algumas vezes.

Logo que cheguei, fui internada. Uma das médicas de plantão veio falar com a minha mãe:

"Fizemos todos os exames e a sua filha está com gases. Darei alta para ela, porque o seu plano de saúde não cobre mais a carência para ela ficar no hospital".

Como assim? Alta? Eu estava ardendo de febre, com uma dor descomunal na barriga, e os médicos queriam me mandar embora do hospital porque o plano era novo e não tinha carência?

Fui para a casa da minha avó. Estava muito mal. Enquanto minha mãe procurava outro hospital, uma tia falou:

"Vamos levar a Bela para fazer uma oração, numa irmã".

Nossa família é muito religiosa e todos acreditam em Deus. Mesmo assim, ninguém sabia direito o que ela queria dizer com "irmã", mas todo mundo foi mesmo assim. Ao chegar nesta casa, a irmã disse assim:

"Deus me mostrou que nesta noite ia aparecer uma criança aqui. E no meu sonho aparecia um hospital também, o da PUC".

Ela se referia ao Hospital da PUC, um hospital-escola da faculdade, que é público e fica em Campinas. Eu era muito novinha, já minha mãe lembra que teve inicialmente desconfiança, mas logo aceitou os conselhos dessa mulher. A irmã fez uma oração e disse:

"Mãe, você tem de levá-la agora lá na PUC, porque o caso da sua filha é cirúrgico. Sua filha precisa de cirurgia. Mas preste atenção: vá imediatamente para lá, pois um anjo vai estar à espera da Bela".

Minha mãe continuou desconfiada: mesmo sendo religiosa, quem era aquela mulher para dizer que sua filha precisava urgentemente de cirurgia?

Mesmo assim, fomos ao hospital recomendado por ela.

No caminho, as coisas começaram a piorar. A dor era insuportável, e eu segurava bem forte uma mantinha branca e rosa tentando aguentar.

Então virei para minha mãe e disse:

"Não sei se vou aguentar mais, mamãe. Acho que vou morrer".

Imagina a cabeça de uma mãe ouvindo a filha pronunciar as palavras "Mamãe, acho que vou morrer".

Ao chegar ao hospital, minha febre estava altíssima, passava dos 40°C e não baixava por nada. Minha mãe estava tão nervosa, trêmula, que bateu o pé na porta quando entrou. Ela lembra que, ao chegar, eu estava no início de uma convulsão, perdendo a consciência.

Um médico me viu, me pegou dos braços da minha mãe e dirigiu uma ordem dura para a secretária, na frente de todo mundo:

"Prepara minha sala IMEDIATAMENTE. Em trinta minutos, vou operar esta menina".

Minha mãe diz que lembra até hoje o jeito decidido e seguro que o médico me pegou, colocou na maca, sem ver exame nenhum. Era como se, de alguma forma, ele já me conhecesse e soubesse de todo o meu caso clínico e toda a dor que eu sofria.

"Mas o senhor não vai ver os exames da minha filha?", questionou ela com uma bolsa que incluía as informações do meu estado de saúde, como exame de sangue, gasometria, ultrassom e raio-x do hospital anterior, aquele que me dispensou dizendo que eu tinha "gases".

"Não, mãe, não preciso ver. O meu exame clínico é melhor. A sua filha precisa entrar na cirurgia agora, porque se não, ela vai a óbito."

Óbito?

O médico afirmou na frente de todos que, se eu não estivesse ali, naquele momento, e não fosse operada em questão de minutos, eu poderia morrer.

"A sua filha está com o apêndice supurado. Olha o tamanho da barriga dessa criança."

Eu, de fato, estava com uma barriga gigante. Sempre fui magrinha, mas minha barriga parecia a de uma criança grávida de uns quatro, cinco meses. Minha mãe, enquanto assinava a ficha de internação, ligou desesperada para minha avó contando que eu ia entrar em cirurgia, que poderia morrer a qualquer momento se não resolvesse tudo naquele instante. Minha avó pegou um ônibus e foi, apavorada, para o hospital.

Meu caso era realmente gravíssimo: uma apendicite de grau 4 que estourou e me fez ter uma infecção generalizada, porque eu estava há uma semana nessa situação. Para quem nunca ouviu falar nisso, a apendicite é uma inflamação do apêndice. Quando não é tratada, pode resultar em uma ruptura que espalha a inflamação pelo abdômen e pode ser fatal. A cirurgia de remoção do apêndice é o tratamento padrão para o problema.

Quando estava quase pronta para iniciar a cirurgia, a secretária do médico interrompeu tudo. Minha mãe lembra até hoje do salto dela fazendo "toc, toc" pelo corredor antes de entrar e dizer:

"Doutor, o plano dela não cobre a cirurgia. Ela vai ter de dar entrada pelo SUS".

O médico virou para a secretária e disse, novamente, muito decidido:

"Não. Eu opero essa criança nem que seja no estacionamento. Quero meu centro cirúrgico pronto em meia hora. Essa é a minha profissão".

Ela ainda tentou insistir, alegando que ele não tinha permissão. Ele bateu o pé e insistiu: "Eu falei meia-hora". Ela saiu e, enquanto minha mãe chorava, o médico disse:

"Calma. Fica tranquila, eu vou salvar a vida da sua filha".

Contar isso me arrepia, sabe?

A cirurgia começou e demorou horas. Deve ter durado uma eternidade para quem acompanhava do lado de fora. Eu entrei superconsciente, com muita dor. Ao terminar, o médico informou o procedimento:

"Sua filha vai pra UTI. Eu tive que abrir a barriga dela inteira, lavar alguns órgãos, porque ela está com uma infecção generalizada".

O mundo desabou para minha família. Minha mãe virou para minha avó e falou: "Mãe, e agora?".

Quem recorda o meu estado na Unidade de Terapia Intensiva, a UTI, fala que eu era só pele e osso, de tão magra que estava. Fiquei um bom tempo lá. Meu caso, como escrevi, era gravíssimo, e a minha permanência no hospital foi prolongada. Comecei entubada e o médico esperava que a secreção da minha barriga descesse toda para um copinho, que ficava debaixo da maca e soltava de pouquinho em pouquinho. Não foi tão fácil quanto eles imaginavam. Minha mãe não saiu do meu lado um minuto sequer. Os enfermeiros falavam sério com ela, sugerindo que revezasse a visita com outra pessoa, só para ir para casa tomar banho, mas não. Ela não me largou em nenhum momento. Queria ficar perto.

Minha família é muito religiosa e a maioria é evangélica. Na época em que estava na UTI, minha tia ligou para minha mãe contando que tinha acabado de sair de um culto. **Ela levava a minha foto dentro da Bíblia para rezar.** Lá pelo fim do culto, o pastor parou o que estava falando e anunciou aos presentes que a mulher que tinha entrado na igreja com a foto de uma criança na Bíblia poderia contar com Deus no caminho, pois Ele iria limpar tudo o que estava na barriga da criança, mas que, antes disso, era preciso ligar para a mãe da criança e pedir para ela ler o Salmo 91. Assim, Deus faria a obra completa, porque Ele iria colocar essa criança no meio dos grandes.

"Essa criança vai viver de novo e vai brilhar".

A Bíblia estava ao lado da minha cama na UTI. Minha mãe abriu, foi até o Salmo 91 e leu em voz alta, entre tantas frases:

"Mil poderão cair ao teu lado,
e dez mil à tua direita; mas tu
não serás atingido.

Porquanto fizeste do Senhor o teu
refúgio, e do Altíssimo a
tua habitação.

Nenhum mal te sucederá, nem praga
alguma chegará à tua tenda.

Porque aos seus anjos dará ordem
a teu respeito, para te guardarem
em todos os teus caminhos.

Eles te susterão nas suas mãos, para
que não tropeces em
alguma pedra."

Quando ela terminou de ler o salmo, um milagre aconteceu: começou a sair uma secreção do meu nariz. Minha mãe foi a única a presenciar o momento e diz que foi uma cena que parecia tirada de um livro de ficção ou mesmo de um filme. Ela chamou os enfermeiros e o médico para ver o que estava acontecendo.

O potinho, instalado embaixo da cama, começou a encher. Uma médica pediu para minha mãe se retirar da UTI. Ela saiu aos prantos, achando que eu tinha piorado. Durante 15 minutos, ficou nessa angústia. Até que a porta da UTI se abriu e uma médica falou:

"Pode entrar. Ela já voltou".

Eu abri os olhos e disse:

"Mãããe, tô com fome!".

Minha mãe diz que foi o dia mais feliz da vida dela, mais até do que o do meu nascimento. O dia 23 de outubro ficará registrado como o meu renascimento. O médico que me atendeu no Hospital da Puc e insistiu que precisava me operar foi uma pessoa enviada por Deus, não tenho dúvidas. É curioso, ele não viu exame nenhum. Sabe anjos que aparecem em nosso caminho? Esse médico foi um anjo. Ele salvou a minha vida e honrou sua profissão, pois naquele momento ele não estava interessado em saber se minha família teria condições de pagar, se meu plano de saúde era válido ou não. Ele queria salvar a minha vida.

E salvou.

Anos depois desse renascimento, recebi um convite para gravar um clipe evangélico em Campinas. Era o início da minha carreira. O clipe se chama "Nada temerei". Eu não receberia nada por esse trabalho, seria uma participação voluntária. Eu topei.

Logo notei que a letra do clipe era basicamente toda história que passei no hospital. Era uma menina que não acordava, cujos médicos já estavam meio desacreditados, mas que a fé a reergueu novamente. O curioso é que eu vivia uma fase de dúvidas em minha vida: será que eu devia realmente seguir a carreira de artista? É um mercado tão competitivo, com tantos "nãos", com gente torcendo contra... Será que valia mesmo a pena eu ir em frente? Minha mãe tinha ainda mais dúvidas do que eu. A música foi um empurrão para eu seguir adiante. Se eu renasci, era hora de levantar e buscar o que eu desejava. De ser forte, ser grande e não desanimar.

Analisando toda essa história, enquanto escrevo para você, eu me emociono. Eu tinha apenas 4 anos. Minha mãe está aqui do lado, me ajudando a relatar essas coisas que só ela viu e sentiu. Lembro a imensa dor que eu sentia, mas também do lado lúdico e bonito que o hospital preparava para nós: havia palhaços, animadores que brincavam conosco e nos incentivavam a comer. Aliás, meus parabéns a todos que se voluntariam para prestar ajuda em hospitais e espaços com pessoas fragilizadas ou em recuperação. Esse ato de solidariedade é importantíssimo! Eu, no que puder, sempre ajudarei como voluntária. Tive a oportunidade de visitar um hospital de câncer para crianças e irei mais vezes, sempre que for possível.

A história que relatei nas páginas anteriores é muito poderosa em minha vida. Faz parte da minha trajetória. É muito forte, eu sei. Não deixaria de contar aqui. Mas uma coisa que eu gostaria de registrar é que meu lado religioso ficou ainda mais forte depois disso. Desde muito pequena, eu ia à igreja, mas depois que aconteceu tudo isso, acho que a família inteira começou a ir mais. Com a minha rotina agitada, tenho ido pouco, bem menos do que gostaria, mas a gente busca a palavra em casa, canta louvores, ora e agradece todos os dias.

Sei e sinto que Deus tem uma importância grande em minha vida. Anos atrás, antes de morar em São Paulo, fui à igreja com minha avó. Só nós duas. Lá, eles não chamavam o pastor de pastor, mas de cooperador. Eu estava numa fase de pausa em minha carreira, sem muitas novidades. Ele apontou para mim: **"Deus vai fazer uma obra na sua vida, sua videira vai florescer".** Eu saí desesperada, ligando para minha mãe: "O cooperador falou comigo e isso nunca tinha acontecido". É que eu não entendia muito, né? Minha avó me acalmou. "Não, Bela, ele só quer dizer que Deus tem coisas boas na sua vida." Meses depois, me mudei para São Paulo.

Acho que tem duas coisas que acontecem em nosso caminho e refletem todas as nossas conquistas: sou muito esforçada, corro atrás do que quero, estudo para ser a melhor na minha profissão, mas também existe Deus. Quando recebo um "não", não fico frustrada. Ao contrário. Sei que é da vontade de Deus.

Além disso, sou uma pessoa muito sensitiva. Às vezes vejo e sinto muitas coisas, tanto boas quanto ruins. É algo que eu poderia chamar de energia. Vamos supor: eu posso entrar em um lugar cheio de pessoas e sentir que o ambiente está pesado. Sabe quando não está legal? Se muitos sentem isso, eu sinto bem mais. Chego a passar mal. Se eu quiser escrever um livro de terror no futuro, tenho muita história para contar, haha.

São poucas as pessoas que têm essa sensibilidade. Na minha família, só eu e minha madrinha. Já houve casos de eu chegar em teste de elenco e sentir uma energia tão ruim que me derruba, me deixa mal, meio caída. É uma coisa que eu tenho: consigo sentir, inclusive, nas pessoas, aquelas que estão bem-intencionadas e aquelas que não estão.

Isso não é algo que foi fácil para mim no começo. Teve uma vez que cheguei a desmaiar por sentir um ambiente carregado: minha pressão começou a cair e... **catapluft!** Apaguei. Eu tinha medo, no começo. Se via qualquer coisa, saía correndo.

Hoje, estou tranquila. Se eu sinto algo, pego minha mãe pelo braço e apenas digo: **"Mãe, vamos sair daqui?".** Ela já entende. **Posso me definir assim: sou sensitiva.**

FIQUE BELA COM A BELA

Dicas de beleza variam muito de menina pra menina. Como é algo que me pedem com muita frequência, resolvi dar umas dicas bem basiquinhas, que podem ser úteis para todo mundo.

Em primeiro lugar, é muito importante estar sempre cheirosa. Então, nunca deixe de passar perfume e jamais se esqueça do desodorante!

Em segundo lugar, é fundamental lavar o rosto antes de dormir e ao acordar. Mesmo que você não tenha um bom produto facial, lave o rosto com água e sabonete. Ajuda a evitar problemas de pele muito comuns na adolescência, como as temidas espinhas! Infelizmente, aprendi isso depois de muito tempo. Se soubesse disso antes, talvez não tivesse sofrido tanto com a acne...

Em terceiro lugar, nunca saia desleixada! Eu – assim como você, aposto – nunca gostei de sair de casa me sentindo feia. Confesso que nem me importo tanto com a roupa, mas o rosto sempre tem de estar muito bonito, bem cuidado e saudável. Sem aquela cara de quem acabou de acordar, sabe? Por isso, para ir para a escola de manhã, sempre passo corretivo e rímel. Assim, escondo possíveis olheiras e evito aquela cara de panda!

De segunda à sexta, acordo às 6h30 da manhã. O portão da escola fecha às 7h30. Ou seja, tenho uma hora para fazer tudo! Toda manhã, antes da aula, eu tomo banho, lavo e seco o cabelo. Como eu disse, é muito importante estar sempre cheirosa. Além do mais, estou tão acostumada que, se não tomo banho assim que acordo, parece que o meu dia não começou. Lavo também muito bem o rosto. Meu cabelo e meu rosto precisam estar impecáveis. Sou leonina, muito vaidosa, mesmo não exagerando nos cuidados às vezes.

Agora, para aquelas pessoas que têm mais preguiça de manhã e preferem dormir mais um pouco: a prioridade é tomar banho e passar o perfuminho. Não precisa nem de maquiagem. Só penteie o cabelo, vista uma roupa confortável e vai parecer que você já começou bem o dia.

Tive muito problema com acne e morria de vergonha da minha pele. Houve épocas em que eu acordava às 6 da manhã e passava um rebocão na cara, assim ninguém veria que eu tinha espinhas. Mas o que era um incômodo pra mim, não é para todo mundo. Algumas de minhas amigas têm espinha e tiram isso de letra, vão para a escola com a espinha aparecendo e nem ligam.

Então, talvez a dica mais importante que eu possa dar é: faça o que te faz se sentir bem.

Se você acha que está bonita com a espinha, ótimo, tudo bem, não tem problema. O primordial é cuidar da sua saúde. Se sua saúde está perfeita e você não liga para o cabelo, esteja ele penteado ou bagunçado, tudo bem! Se para se sentir bonita você prefere usar mais maquiagem, também é uma opção. Há meninas que são o contrário: se sentem lindas sem maquiagem. É o gosto de cada uma.

O imprescindível é se cuidar! Jamais se esqueça de tirar os produtos antes de dormir e de estar sempre cheirosa, ok? Todo mundo gosta de pessoa cheirosa, não é?

Você é vaidosa?

( ) sim ( ) mais ou menos ( ) não

Eu sou bastante, e desde muito pequena. Quando estava na creche, o uniforme era bonitinho, mas eu não gostava da calça das meninas. Era larga demais. Eu falava que aquela calça era de homem e queria usar uma calça mais justinha. Nossa, como eu me sentia mal com aquela roupa!

ROCK
ARMY

GIRLS
AMOR

A ESCOLA DA BELA

Nunca fui o tipo de pessoa que estuda sem parar no meu quarto – exceto quando se trata de história e o tema é o Egito (mas isso eu vou contar mais pra frente). **Por sorte, tenho muita facilidade em absorver o conteúdo durante a aula.** Minha tática é: eu presto muita atenção no que o professor explica e escreve no quadro, assim aprendo ali mesmo. No 1° ano, a professora queria me passar para o 2°, porque eu estava mais avançada que boa parte dos outros alunos. **Conseguia entender muito rápido o que ela explicava.**

Sou uma aluna que costuma tirar entre 9 e 10. Quando tiro 8, fico triste, mesmo sabendo que estou na média. Mas, pra mim, as notas tinham que ser 9 ou 10.

E matemática, por exemplo, nunca tive dificuldade. Quer dizer, até o 5° ano, né? Porque depois começou a ficar mais complicado.

A única dificuldade que eu passei foi aprender a escrever com letra cursiva. Eu só sabia fazer letra de forma. Quando troquei de escola no 2° ano, a galera já usava letra cursiva e eu não. Via o que estava na lousa e tentava entender o que era. Nunca fiz caderno de caligrafia, e tive que aprender na marra: as pessoas escreviam ao meu lado e eu tentava copiar. Talvez, por essa razão, minha letra não seja tão bonita. Ao menos eu acho. E você?

Aprendi a ler antes do planejado. Lembro até hoje que minha amada professora escreveu a palavra "CUECA" na lousa e eu sabia o que estava escrito, mas não podia falar porque morria de vergonha. Imaginem só eu falar "cueca"?! Meus colegas não sabiam pronunciar. Eu chamei a professora e falei no ouvido dela: "Tá escrito cueca". Ela pediu para eu falar alto, mas fiquei com vergonha na frente dos meus amigos.

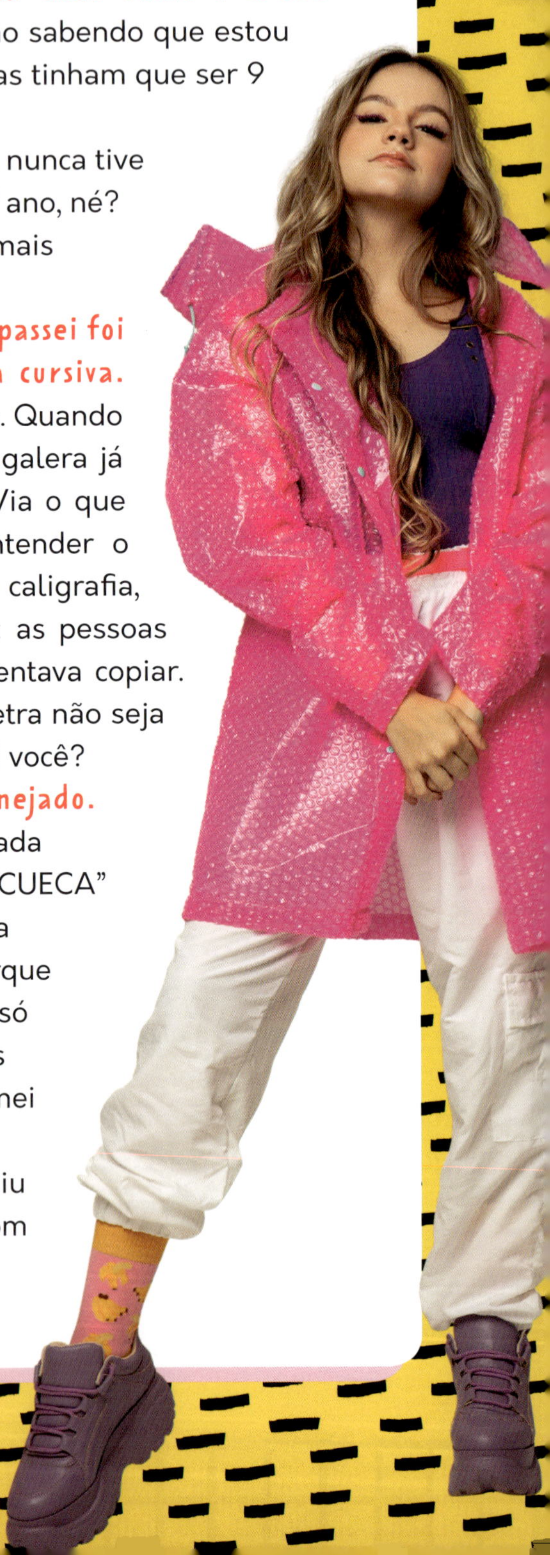

No 3° e 4° ano, eu vivia indo pra diretoria. Minhas amigas brigavam, eu comprava a briga dos outros e quem pagava o pato era eu. Todo dia o motivo da discussão era diferente, eu me metia para tentar ajudar e o resultado é que eu acabava junto na salinha da diretora. Em geral, era coisa boba, mas uma vez a razão da briga foi feia: uma menina de quem eu não gostava falou para uma grande amiga minha que eu não gostava dela. Minha amiga, é óbvio, ficou brava e não queria mais trocar uma palavra comigo. Eu não entendi o porquê. Dias depois, ao chegar na sala, encontrei uma cartinha da minha amiga na minha mesa: "A menina tal falou que você não gosta de mim". PRA QUÊ? Catei o bilhete e, no meio da sala, fui até a carteira da encrenqueira tirar satisfação. Ela ficou de olhos arregalados e todo mundo acompanhou a briga. Nesse momento, a professora pediu para eu e a menina nos retirarmos da sala. Lá fomos nós discutir na diretoria para tentar resolver nossos problemas. Essa menina implicava comigo.

Estudei em colégio público nos primeiros anos da minha vida escolar. Tive momentos excelentes, mas também episódios desagradáveis: no 1° ano, minha mãe comprou meu material com o tema da Barbie, de mochila a lancheira, tudo com glitter. No primeiro dia de aula, vi que as outras meninas usavam a bolsa que a escola oferecia de graça. Fiquei mal, porque eu estava quase toda de cor-de-rosa e elas não. Começaram, então, a me chamar de patricinha. Claro que eu não quis mais usar a minha bolsa. Queria usar as coisas que elas usavam. Minha mãe queria me matar, gastou um dinheirão e eu não queria mais nada daquilo. Acabei dando a mochila pra minha prima.

Mas lá eu tinha amizades muito legais e minhas professoras eram muito boas, até aí tudo bem. Só que de repente comecei a enfrentar um problema pelo qual muitos de vocês talvez já tenham passado. Se não, certamente conhecem alguém que já passou por isso:

O DIA EM QUE FIZERAM BULLYING COMIGO

Eu venci o concurso de miss da festa junina da escola.

Festa junina com os colegas Camili, Tayna e Felipe

Suspeito que a vitória se deve muito pela minha mãe, e nem tanto por mim. Isso porque quem comprasse mais rifas, mais chance tinha de vencer o concurso. E minha mãe comprou muuuuuuitas rifas, tendo em mente que eu ganharia. **O prêmio seria um ensaio fotográfico.** Mas, se fiquei feliz em ganhar o concurso, passei a ficar muito triste quando entrei na sala de aula no dia seguinte. E no dia depois desse. E no seguinte. Não parava nunca.

Quando eu aparecia na sala, a galera tinha jogado meu material no lixo.

Eu abria meu caderno, e frases aleatórias apareciam entre as páginas, tipo:

te odeio!!
você é feia!
vc só ganhou o concurso por dó.

Está pensando que esse foi o auge?

Não.

Uma manhã, na saída da escola, fui em direção à van que me levava para casa. Enquanto caminhava, uma galera mais velha me cercou e me bateu.

Eles me bateram muito. Cheguei a voltar para o colégio, me trancar no banheiro e vomitar (estava muito nervosa e sem acreditar que eles tinham chegado a esse nível). Eu chorava descontroladamente.

Saí do banheiro e voltei para a van, aos prantos. Cheguei em casa e me perguntaram o que tinha acontecido. Eu não queria contar o que fizeram e muito menos quem tinha me agredido. Falei só que tinha brigado.

Demorou muito para eu me abrir e falar que tinha apanhado na escola.

O bullying que eu sofri não era nem feito por pessoas da minha classe. Era um grupo de meninas mais velhas, do 5° ou 6° ano (eu era do 1°), que tinha visto todo o concurso. Acho que elas ficaram revoltadas com o fato de uma criancinha pequena ganhar, não sei.

Enfim. Mudei, então, de escola.

Continuei em uma escola pública. Novamente, uma muito boa, a Escola Estadual Professora Magali Valério, que nós chamávamos de Diquinho. Lembro que, como tinha muita pichação à noite na cidade, o colégio inventou de fazer pinturas na entrada. Eu estava no 2° ano e as aulas de artes eram muito legais. Fizemos vários quadros com aquela tinta que não dá pra pichar e os alunos fizeram desenhos, alguns inspirados em pintores famosos. Pegávamos desenhos deles e reproduzíamos na parede da escola. Cada sala ficou com um quadro. Tenho até hoje um quadro meu com minha assinatura: Izabela.

Fiquei dois anos nessa escola. Fiz o 2° e o 3° ano. Não tenho do que reclamar, os professores eram maravilhosos. Lá eu tinha um grupinho de amigas, como a Barbara e a Camila, filhas de amigas da minha mãe, todas da mesma idade.

Tenho orgulho de ter estudado em escolas públicas, pois muitas delas são de ótima qualidade com professores dedicados e atenciosos.

blá blá blá blá blá blá blá blá blá blá blá blá blá blá blá blá blá blá

Passei depois por colégios particulares. Fui para uma escola onde já conhecia muita gente, como minha prima. Se pudesse, voltaria a estudar lá, pois os diretores e professores eram incríveis. Na verdade, todas as pessoas do colégio. A não ser pelo fato de que, até o 4° ano, eu vivia indo pra diretoria. Muitas vezes, a diretora até entendia o meu lado. Falava que eu tinha que ser mais calma. Eu não era uma menina rebelde ou briguenta. **Só argumentava e conversava demais.**

Hoje é a mesma coisa. Não vou falar que chego na sala e fico superquieta, que só presto atenção, porque sou uma aluna que conversa muito com todos.

Minha mãe sempre diz que, na reunião de pais e professores, os professores diziam:

"Sua filha é uma aluna ótima, mas fala demais".

blá blá blá blá blá blá blá blá blá

MÚMIAS, PIRÂMIDES E HISTÓRIA: O EGITO ME ENCANTA!

Uma das minhas matérias preferidas na escola sempre foi História. Ciências também é legal, mas nada se compara a História.

Talvez seja por isso que sou fascinada pelo Egito.

Essa paixão vem de muito antes das aulas. Em casa, eu entrava no YouTube e assistia a vários vídeos sobre lá. E quando comecei a estudar o tema na escola? Fiquei louca!

Já até sonhei que estava lá e era uma deusa egípcia.

Não sei de onde surgiu essa paixão tão grande, mas pode ser dos livros. Tenho alguns relacionados ao assunto. Minha prima também gosta muito e tem livros que ensinam tudo sobre mumificação.

Algumas curiosidades que selecionei para você:

EGITO

Capital: Cairo

População (em 2020): 100 milhões de habitantes (o Brasil tem 210 milhões)

Os egípcios não se misturavam em grandes grupos, como a gente faz hoje em dia. As crianças não tinham videogame e brincavam com piões, bolas e jogos de tabuleiro. E só entre os familiares e vizinhos.

Os egípcios tinham pavor de piolho. Para evitar, as pessoas raspavam a cabeça, inclusive as mulheres. No lugar, colocavam perucas que poderiam ser feitas com suas próprias madeixas. E ninguém queria ser peludo: era costume raspar todos os pelos do corpo.

Os egípcios amavam os gatos. O amor pelos bichanos era tão grande que eles eram mumificados com seus donos. Ou seja, se o faraó morreu e tinha um gato, o animal também passava pelo processo de mumificação. Para os egípcios, a morte era passageira e, portanto, o corpo deveria ser conservado. Assim, a vida, quando chegasse a hora, poderia retornar ao corpo e a pessoa seria imortal.

O faraó Tutancâmon morreu de repente, e não deu tempo de criar uma tumba tão sofisticada como a de outros faraós. Ainda assim, a dele é a mais rica já encontrada. **A máscara de Tutancâmon foi feita de ouro e hoje é a mais famosa do mundo todo.**

Armação nas pirâmides: quando um faraó ou uma rainha morria, eles iam para a pirâmide. Mas antes, iniciava-se o processo de mumificação: os órgãos eram retirados, exceto o coração. O cérebro era retirado de um jeito muito doido: quebrava-se o nariz do morto para não danificar a cabeça e por ali eram enfiados instrumentos para amolecer o cérebro até ele escorrer. Enquanto o corpo era enrolado para se transformar nas famosas múmias, era tradição colocar junto dele os ouros e pertences do faraó, como espadas, taças, talheres e coisas de muito valor. Tudo isso era enterrado com eles. Essas fortunas atraíam muitos ladrões, que queriam entrar nas pirâmides pra roubá-las. Eu acho incrível que foram criadas armadilhas dentro das pirâmides para evitar saques. Redes de túneis e tumbas com 25 metros de profundidade tapadas com areia dificultavam o trabalho dos ladrões, que poderiam ficar presos.

Lembra que eu contei que era uma aluna superaplicada em sala para poupar meu tempo em casa com outras coisas? Então, quando se tratava de Egito, a história era outra. Eu não só prestava muita atenção na classe como chegava em casa e pesquisava mais e mais.

Meu sonho, como você pode imaginar, é conhecer o Egito. Dizem que o Museu do Cairo é lindo e tem um sarcófago muito bem conservado.

Ainda assim, infelizmente, muitas coisas não estão mais lá. É que muito da história – e haja história – está em outros museus, espalhado pelo mundo. Por exemplo, o Louvre, em Paris, tem uma galeria imensa cheia de artefatos egípcios.

Em 2018, li uma notícia surreal a respeito do Egito: encontraram um líquido vermelho dentro de um sarcófago na Alexandria e milhares de pessoas assinaram uma petição para tomar o líquido. Elas acreditavam que, se o tomassem, teriam vida eterna. Depois de um tempo, foi concluído que nada disso era verdade: a água pode ter entrado por uma vala de esgoto.

Ou seja, olha quanta loucura envolve o meu querido Egito!

Claro, há costumes e comportamentos que são muito diferentes daqui. Lá, por exemplo, há homens que compram mulheres em troca de dez camelos!

"Oi, tudo bem? Posso comprar sua filha por 12 camelos e mais umas 10 galinhas?"

E as mulheres costumam andar com o corpo mais coberto. Mesmo com aquele calor!

Também dizem que a comida não é lá muito boa. É parecida com a culinária árabe, mas infelizmente não estamos falando de esfihas, que eu amo.

Apesar desses três pontos, ainda sinto muita vontade de ir para o Egito.

Até me vejo entrando no avião para ir até lá, chorando de emoção. Quero ir com muito tempo para aproveitar todos os museus. Preciso estar bem tranquila, ir com calma. É curioso o gosto e o desejo das pessoas. O maior sonho da minha irmã é ir pra Paris. Ela é apaixonada pela Torre Eiffel. Eu sou totalmente o oposto. Nunca tive o sonho de ir pra Disney, em Orlando. Mas quando pisei lá, em dezembro de 2019, amei tudo. Fiquei emocionada! As viagens dos meus sonhos agora são para o Canadá e o Japão. Ou lugares históricos, como a Grécia e a Itália, principalmente Roma. E, claro, meu Egito.

Como ainda não conheço esses lugares, resolvi abrir meu álbum de viagens para a Disney, onde me diverti muito. Essa viagem foi inesquecível!

Gabizinha e eu nos divertimos muito nessa viagem

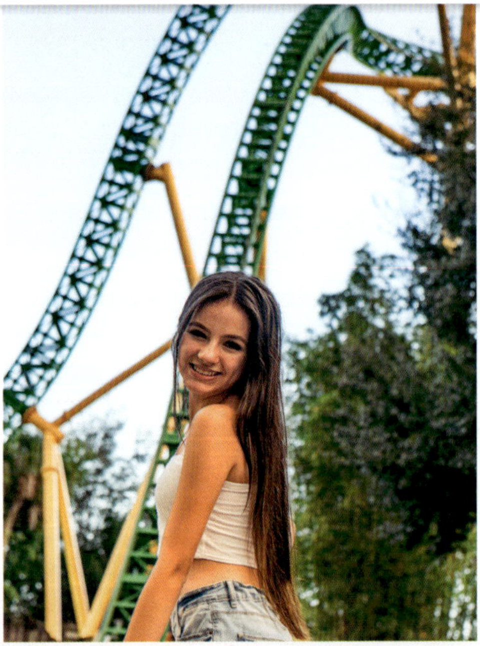

Minha mãe e eu na Universal Studios

Fui dar um rolê na Disney com minha amiga Gabi Gonçalves

MEUS MELHORES AMIGOS

Giulia, Yasmin, Luisa e Marcela, amigas na escola e fora dela

Olha aí a Alanys me equilibrando!

Giulia e Luisa de novo; a gente não se desgruda mesmo

Tenho amigas queridíssimas na escola. Um dos motivos de eu não trocar de colégio são minhas amizades. Atualmente, minhas melhores amigas são três: Giulia, Luiza e Yasmin. A gente fica grudada o tempo inteiro, e não é uma coisa só de escola. Saímos muito para conversar. **Elas não estão nem aí para o padrão dos outros.** Se tiverem que sair superarrumadas, vão sair; mas se tiverem que sair de pijama, vão topar também. A Alanys Santos, de *As aventuras de Poliana*, também é uma das minhas melhores amigas, *ever*! **Ela é meu equilíbrio.** O que eu tenho de estressada, ela tem de calma. O que eu tenho de orgulhosa, ela tem de humilde. Ao mesmo tempo, parece que a gente se conecta. **É uma questão de afinidade.**

Assim como eu, elas também são muito próximas dos meninos, sempre fizeram mais amizades com garotos. Pensamos do mesmo jeito:

"É muito bom ter amigo menino".

Na minha humilde opinião, há muitas meninas bem patricinhas e eu sempre fui muito moleca. Se a ideia for jogar bola e rolar no chão, sou uma das primeiras a topar. E com eles a brincadeira é sempre assim. Eu prefiro.

E, cá entre nós, a amizade deles é bem mais sincera.

Eles falam o que bem entendem. Se acharem que nossa roupa está feia, vão falar. Mas também elogiam quando acham que estamos lindas. Parece sincero, de verdade.

Meninas, não. Muitas falam: "Ai, amiga, tá bonitinha", ou "Amigaaaa, tá linda!".

Acho que é difícil hoje em dia você ver uma amizade entre garotas que seja totalmente sincera. Parece que há uma competitividade muito grande, e isso desde cedo. Meninas querendo ser melhores que as outras, mais bonitas que as outras. Isso me irrita muito.

MINHAS AMIGAS SÃO COMO EU:

SE TIVEREM QUE FALAR, VÃO FALAR. NÃO TEM ESSA DE VOCÊ SER MENINA E EU NÃO PODER FALAR O QUE PENSO POR CAUSA DISSO.

Meu melhor amigo é homem e eu não troco ele por nada. Lucas é o tipo de pessoa que se eu falar para ir lá em casa agora, ele vai, não importa o que estiver fazendo. A maior parte das meninas é diferente: muitas ficam com preguiça, trocam a amiga por namoradinho e por aí vai. E eu também cresci com primo, né? Estou mais do que acostumada com jeito de menino. Também sou ciumenta. Se chegasse uma menina perto dos meus primos, eu já ficava enciumada, achando que queriam roubar o meu lugar.

Portanto, amizade entre menina e menino existe, sim! E é sincera!

O Lucas mora no meu prédio e nos conhecemos logo quando me mudei para São Paulo. Todo mundo o chama de Messi, porque ele joga futebol muito bem, como o argentino Lionel Messi. O Messi é baixinho, loirinho, tem olho azul e um monte de sardinhas no rosto. Para mim, ele é o menino mais bonito do mundo. Vivemos nos chamando de "vida" e "amor". Já até perguntaram se éramos namorados. Nããããão! Isso nunca passou pela minha cabeça! A gente só tem um carinho muito forte um pelo outro. Sou apaixonada por ele, uma paixão de amigo. Pode confiar.

Melhores amigos, melhores selfies, melhores caretas, não é, Messi?

A gente começou a se aproximar quando tinha uns 12 anos de idade, sendo que ele é um ano mais novo. No início, Messi era apaixonado por mim. Nossa amizade só começou por isso. Ele já até chorou porque eu gostava de outro menino. Mas as coisas mudaram. Hoje as pessoas perguntam para ele "Ah, você não tem vontade de ficar com ela?", e Messi responde que não, que só me vê como amiga, porque é uma relação de irmão. **Ele sempre me ajudou muito, viaja comigo, dorme na minha casa.** Se eu tenho evento pra ir, eu o chamo. O Messi é aquele tipo de pessoa que topa tudo.

A sinceridade é a qualidade que mais prezo em uma amizade. Não gosto de quem passa a mão na cabeça. Fez algo errado? Fala na hora. É assim que funciona com quem eu chamo de amigo.

GOSTO DE PESSOAS VERDADEIRAS, SEM FILTRO NENHUM.

TUDO COMEÇOU COM UM RECORTE DE JORNAL

Para começo de conversa, nunca passou pela minha cabeça ser atriz. Escrevo isso porque tem gente que sonha com isso desde pequena, até mesmo inicia a carreira aos 3 ou 4 anos de idade. Acho que, na verdade, eu era bem desligada e a minha timidez nunca me fez pensar numa carreira artística.

Bela, mas o que você queria ser quando crescesse?

Essa é a pergunta clássica que todos já ouviram. Caso ainda não tenha ouvido, prepare--se: vai chegar a hora de ouvir e pensar sobre o assunto. Minha resposta sempre foi:

Não sei!

Não fazia ideia do que queria ser.

Ou melhor, passavam muitas e muitas ideias pela minha cabeça: tinha dias que eu queria ser professora; outros dias, médica; e ia mudando de profissão como quem muda de roupa no provador da sua loja preferida.

Em uma bela tarde de verão, eu estava na casa da minha tia que ficava em frente à da minha avó. Ela lia o jornal e um anúncio chamou sua atenção:

PROCURAM-SE MODELOS PARA AGENCIAR!

A agência Project Models está

Eu tinha 8 anos. Só queria saber de brincar. Ao ler a propaganda, minha tia começou a falar pela primeira vez sobre a profissão de atriz:

"Nossa, Bela, imagina você atriz, você na televisão, igual à Maria Joaquina, igual à Maisa. Já pensou?".

No mesmo ano, o SBT começava a produzir novelas infantis e exibia *Carrossel*. Eu era fã, não perdia um capítulo. Adorava também a *Violeta*, no canal da Disney.

"Você nunca pensou em ser atriz?", insistiu minha tia.

Eu, que nunca queria ser nada, falei que sim, queria ser atriz.

Minha mãe chegou do trabalho e soube dessa conversa. Soube também que minha tia já havia ligado para a agência, a Project Models, e marcado uma ida até lá.

O dia da visita chegou rápido. Fui toda arrumada, dos pés à cabeça. Estava de shorts, camiseta rosa e um colete por cima. Nos pés, sapatilhas pretas. Parecia uma Barbie. Na mochila, levei looks porque precisava fazer trocas de peças para eles me verem com outras roupas.

Cheguei toda envergonhada, porque eu sou muito tímida. Na infância, as pessoas diziam "oi" para mim e eu me escondia nas pernas da minha mãe. Era esse o nível da timidez. Minha mãe chegou a questionar a minha tia sobre como eu seria atriz desse jeito. A verdade é que, no começo, ela não conseguia me ver como atriz.

Fui muito bem recebida na agência. A Lu, dona da Project, me recepcionou, foi supersimpática. "Oi, lindinha, qual é o seu nome?", perguntou.

Bela Fernandes.

Eu sempre me apresentei como Bela Fernandes. **Sempre Bela.**

Fizemos as fotos, mesmo sem eu ter criatividade alguma nas poses. Estava toda travada, mas quando veio o resultado, me surpreendi: as fotos ficaram demais, muito bonitas! Disseram que eu era fotogênica. Minha mãe amou. Acho que aí começou a cair a ficha dela.

Campinas é uma cidade com pouco mais de 1 milhão de habitantes, e pode ser considerada pequena perto de uma cidade gigante como São Paulo, uma das maiores do mundo. Sem tantas empresas e oportunidades, a Project me indicou para outra agência na capital e recomendou que eu me preparasse. E se preparar como ator significa se preparar com todas as letras: realmente mergulhar nos estudos, principalmente no teatro, nos palcos. Minha mãe perguntou se era isso mesmo que eu queria fazer. Não tive dúvidas, a resposta era sim. Era isso o que eu queria.

Meu primeiro trabalho não demorou a aparecer. Foi, mais ou menos, no primeiro mês em que me agenciei. Fui figurante de um comercial para a prefeitura de Indaiatuba, no interior de São Paulo. Eu nem sabia o que era um figurante. Figurantes são aquelas pessoas que aparecem em comerciais, novelas ou filmes, mas não têm nenhuma fala, geralmente ficam atrás dos atores e são importantes para movimentar as cenas, deixá-las mais reais. Mesmo sem saber, eu fui. Estávamos achando que eu ia aparecer um monte no comercial. Acordamos supercedo, umas 4 da manhã para encarar doze horas de gravação. Cheguei toda bonita e já mandaram fazer uma troca de roupa. Achei estranho. Pensei que gravaria com a roupa do corpo mesmo. Eu era novinha e muito desligada, não fazia ideia de como aquilo funcionava. O ambiente em que gravamos era uma escola e me lembro de ter tirado várias fotos no pátio.

Feito o trabalho, demorou alguns dias para o comercial entrar no ar. Até aí, beleza.

Um belo dia, liguei a TV e passou o comercial que eu gravei, mas...

EU NÃO APARECI!!!

Espera! Apareci um pouquinho, sim. Eu, não. **A PONTA DO MEU CABELO!**

Fizemos, mesmo assim, uma festa. Passava o comercial e falávamos, rindo:

"Olha a ponta do meu cabelo!".

Assim foi a minha primeira aparição na TV, aos 8 anos de idade. O cachê era 30 reais. Não pagava nem a gasolina do carro. Mas, posso falar? Foi um enorme aprendizado. Apesar de ter aparecido um fiozinho, tive noção de como as coisas funcionam num set de gravação. **Sou muito observadora. Posso estar quietinha, na minha, mas reparo em tudo.**

Aliás, esta é uma das características que me ajudam muito na vida: sempre fui muito quieta. Era comum falarem e repetirem quanto eu era tímida. Quando estou num ambiente em que não conheço as pessoas, sou quieta mesmo. Só viro arteira e falante quando estou com a minha família, meus amigos e diante das câmeras. Aí, minha timidez passa.

DANCE, DANCE, DANCE!

Quando decidi ser atriz, resolvi estudar e entrei em vários cursos e aulas. Fiz jazz, balé, sapateado, teatro, hip-hop e canto, tudo no Studio Brother, em Paulínia, no interior de São Paulo. Eu viajava para lá às terças e quintas. Chegava às 2 da tarde e só saía às 9 da noite. Nunca esqueço que eu saía das aulas e, faminta, devorava uma esfiha. Era uma delícia! Nós praticávamos várias modalidades, e eu chegava preparada para aguentar o ritmo: levava minha lancheira com bolinho, fruta, água, bolacha e bisnaguinha com presunto, queijo e maionese. Um pouco de tudo, porque eu passava muitas horas lá.

Eu amo dançar. Mas descobri isso na prática. Não sabia direito o que eu estava fazendo, nem conhecia muito bem os passos, mas amava as aulas.

PAUSA PARA MOMENTO SINCERONA!

Eu era muito desengonçada na dança. Era toda perdida, sem ritmo. Lembro que fiz o teste para participar dessas aulas — porque lá era exigido passar por uma audição para entrar —, e as meninas foram vestidas de princesinha, com sainha, coque no cabelo. Sabe como eu cheguei? De uniforme da escola, com calça, camiseta e tênis. Detalhe: o tênis todo sujo. Mesmo assim, passei e foi uma grande experiência.

Era incrível passar horas e horas lá. As meninas da minha turma de dança falavam: "Vamos fazer a apresentação de final de ano". Eu ouvia aquilo, sem entender muito, mas muito empolgada: "É isso aí!", sem fazer a mínima ideia do que era um musical de final de ano... Mas tudo era muito maravilhoso.

Entrei na aula de sapateado. Sei que muitas meninas achavam brega e até eu mesma pensava: "Sapateado? Só velho gosta". Quanta bobagem! Você acredita que era uma das coisas que eu mais gostava? Amava ir às aulas. Era também apaixonada pela minha professora, Veridiana. Ela é incrível, amiga e parceira. A gente brincava e decorava o nome dos passos. O pé chegava a dar câimbra de tanto passo que a gente fazia. Tenho muitos passos na memória até hoje graças às dicas da prof. Por exemplo: o *shuffle*, nome original, era o movimento do "pular a pocinha". Aprender com ela era muito bom.

Eu era toda travada. Hoje em dia, não sou mais e amo dançar em todo lugar – no meu quarto, em festinhas ou nas cenas da novela. A dança foi muito importante para minha percepção corporal. Você conhece seus limites e aprende o que é capaz de fazer.

Vou dar um exemplo bem prático: sabe o que é o espacate no balé? Aquele movimento de abertura, quando as bailarinas abrem totalmente as pernas e vão para o chão? Eu sei que meu corpo não serve para isso, não. Mas se você me mandar fazer um sapateado é diferente. Estrelinha? Também não sei fazer. Mas tudo bem também!

Aprender dança foi bom também para eu me soltar. Às vezes, eu estava toda travada, e a professora me agitava, berrava e chamava: **"Vai, Bela, ANIMAÇÃO!"**, e eu já mudava totalmente.

Passei perrengues na dança? Vários! Vamos lá: na tradicional apresentação de final de ano, eu dancei jazz e sapateado para uma plateia enorme no Teatro Municipal de Paulínia. As músicas eram do musical *O Grinch*, mas eu não fazia um personagem, eu era parte do corpo de balé. Nos bastidores, o primeiro perrengue: perdi a meia uma música antes de entrar. **O figurino de todas era igualzinho, com meia vermelha até o joelho. Imaginem só se eu estivesse sem meia... A plateia ia perceber.**

Eu estava desesperada por não encontrar a meia quando vi uma jogada na mala de uma menina e pensei: como ela vai se apresentar bem depois de mim, vou pegar a dela. Fiz exatamente isso e entrei no palco. Deu tudo certo, e, calma, ela não foi prejudicada. Só peguei emprestado e devolvi depois.

Outro perrengue que passei foi quando o microfone de um musical falhou. Mas é até bom que aconteçam coisas como essas porque a gente aprende a ter jogo de cintura, a improvisar e dar um jeito ao vivo.

Eu amo o palco. Muita gente pergunta se eu gosto mais de TV, teatro ou cinema. É uma pergunta muito difícil de responder, porque sou apaixonada pela resposta direta do público, algo que vivi muito na dança. Estar no palco coloca uma responsabilidade muito maior, porque você está ali diante de uma plateia. Se errar tem que se virar.

Já que estou escrevendo sobre palco e imprevistos que ocorrem, vou citar aquele que é o drama de todos os atores no mundo: o dia em que você esquece o texto em cena. Nossa, isso já aconteceu várias vezes comigo! Acho que quanto mais nervosa eu estou, mais penso que vou errar. **E se penso que vou errar, eu erro.** Aprendi que tenho que relaxar mais. Lembro uma vez em que estava no meio da apresentação e, em determinado momento, precisava estar na frente dançando. **Não é que eu esqueci?** Ficou um buraco porque eu não estava lá, mas logo percebi e fui sapateando só no pulo da pocinha.

Nas cenas de televisão, esquecer um trechinho do texto acontece, mas é mais tranquilo porque você consegue voltar e repetir a fala. No teatro, não existe essa facilidade. Eu apresentei uma peça que se chamava *A bruxinha que era boa*, da Maria Clara Machado, e aconteceram várias coisas. Certa vez, uma menina do elenco fez xixi na calça e não queria mais entrar. Além de não termos uma atriz em cena, ficou um cheirão de xixi atrás do palco. Um horror! Eu e a minha prima Duda, também minha colega de cena, tivemos que improvisar o texto.

Uma das minhas grandes diversões na infância era inventar espetáculos com a minha prima. Mesmo antes de querer ser atriz, eu já brincava de montar peças teatrais. Gostava de criar historinhas e dar vida a personagens. Eu e a Duda montávamos barracas dentro de casa, nos vestíamos de tudo que é jeito, inclusive de homem, pois eu imitava meu pai. Era algo muito caseiro, só para apresentar aos familiares. Se alguém sugeria chamar outra pessoa para assistir, eu era a primeira a falar NÃO. **Morria de vergonha!**

Num curso de teatro, chegamos — eu e a Duda — a ganhar o título de melhores da turma, por causa da improvisação. Em uma das aulas, nossa professora falou que todos na sala tinham que montar um espetáculo e valeria nota. **Montamos O ESPETÁCULO, com som, figurino e um cenário que fizemos com lixo reciclado.** Eu fazia duas personagens, e minha prima, três. Arrumamos fundos, colocamos flores, fizemos bigode de homem para um dos personagens, arrumamos tudo. Apresentamos e eu lembro que ouvi comentários do tipo: onde essas crianças conseguiram tudo isso? Ué, da nossa cabeça – deu vontade de responder. A nossa peça foi eleita a melhor de todas, e recebeu o primeiro lugar.

Mas é isso, né? Quando a gente quer muito uma coisa, é preciso arregaçar as mangas e fazer com que ela aconteça.

MINHA VIDA NA TV

Meu primeiro comercial – não aquele em que apareceu só a ponta do meu cabelo – foi para uma loja chamada Seller, de cama, mesa e banho, em Campinas, em 2012. Comecei fazendo fotos para um catálogo e logo em seguida eles me chamaram para fazer o comercial de Natal. Tive a companhia de um menino, o Gabriel Ferrarini. Lembro que eu era toda apaixonadinha por ele. Achava-o lindo, um príncipe encantado. Passamos a trabalhar muito juntos, em uma campanha atrás da outra. E acabamos ficando amigos.

Nem tinha iniciado a carreira e me inscrevi em um projeto de treinamento para talentos mirins que acontecia em Curitiba, no Paraná. Para ir até lá, pisei num avião pela primeira vez. Minha família não tinha condições de pagar uma passagem e participar desse projeto. Tivemos que vender rifas em mercados, na escola, em tudo que é lugar para conseguir levantar uma grana. A chefe da minha mãe, inclusive, deu as passagens de presente. Minha mãe achou que eu sairia dessa maratona odiando a profissão. Muito pelo contrário: estava mais apaixonada do que nunca.

Num dos dias em que eu participei, a Larissa Manoela se apresentou, e eu era superfã dela. Coisas de tiete: ela cantou no palco, eu estava bem perto e toquei na botinha dela, cheia de glitter. Achei o máximo. Todo mundo já deve ter passado (ou deveria passar) por momentos assim, de um contato próximo com seu ídolo. Hoje, me emociono ao sentir isso de muitos fãs e recebo todos com o maior carinho, justamente porque vivi o outro lado. Minha mãe estava grávida da minha irmã, com um baita barrigão, e nos passaram na frente numa fila para tirar foto com a Larissa. Minha mãe fez uma promessa: se minha irmãzinha nascesse naquele dia, ela se chamaria Larissa. Mas nasceu em outro dia e, aí, como você já sabe, ela se chama Gabi.

Mais uma história do início da minha carreira. Num dia de sol em Campinas, tocou o telefone na minha casa. Era da agência.

"Carol, leva a Bela para São Paulo o mais simples possível. Sem maquiagem, só calça jeans e camiseta, não escova o cabelo. NÃO FAZ NADA!".

Era um teste para um comercial da Barbie.

Cheguei ao estúdio e, para minha surpresa, havia umas trezentas meninas loiras de olho azul, todas lindas, bem vestidas, cabelo todo arrumado, algumas com laços na cabeça. Eu olhei pra minha mãe, desanimada, com o olho começando a encher de lágrimas. **"Mãe, vamos embora? O que eles vão querer fazer comigo?"** Eu realmente fiquei muito envergonhada. Segui o que me pediram: estava de cara lavada, com uma camiseta muito simples e um tênis bem velho. Fui convencida pela minha mãe a fazer o teste assim mesmo.

Entrei no estúdio com mais quatro meninas. Estava nervosa. Nessa fase, eu tinha zero experiência com câmeras e testes. Era toda desengonçadinha. As meninas que entraram comigo estavam lindas, pareciam bonecas. O teste consistia em ficar de frente para uma câmera, fazer uma pose, virar de costas, virar novamente para frente, dar um pulinho e depois uma risada bem gostosa, natural. Fui a última a fazer. Perguntaram se eu estava nervosa. Disse que sim, um pouquinho. **Fiz o que me pediram e eu senti ali que as coisas foram boas, melhores do que esperava.** Saí do teste e falei para minha mãe: "Acho que eu passei". Minha mãe não acreditou.

No mesmo dia, o telefone voltou a tocar lá em casa.

"CAROL, A BELA FOI APROVADA NO TESTE DA BARBIE".

Nossa, fiquei tão, tão feliz! Foi aquela comemoração. Liguei para minha tia, para minha vó, para todo mundo, contando que passei. Quando soube, fui direto para o meu quarto e agradeci. Fiquei muito emocionada. **Esse foi o meu primeiro grande trabalho, o comercial da Barbie.** Era o lançamento de uma boneca com uma coroa que, ao ser girada, fazia mudar a cor do vestido. Eu e uma menina ficávamos sentadas como princesas. **Tinha uma musiquinha que dizia: "Bela adormecida, o lindo vestido, que é rosa ou azul, gira a coroa que a mágica acontece".** Eu e a menina girávamos a coroa e dávamos risada. Ficamos doze horas num estúdio fazendo isso. Doze horas para girar uma coroa e dar risada. **Pensa que eu cansei? Não mesmo! Eu amei.**

Durante a gravação, o diretor pediu para parar tudo. STOP, STOP, disse aos seus assistentes. "Limpa o nariz da Bela." Eu já sabia o que era. Era minha pinta. Não tive problema em falar: "Gente, é uma pinta!" Essa mesma situação ocorreu em outras gravações: os diretores pedem para eu limpar o nariz e lá vou eu explicar que na verdade é uma pinta.

Fiz ao todo uns trinta trabalhos em um ano. Quase na mesma semana da gravação do comercial da Barbie, fiz mais dois outros grandes. Minha mãe dizia que eu não ouvi muitos nãos em testes, que a minha aprovação vinha rápido. Ela sabe disso porque me acompanhou em todos, e foram muitos.

Nesses testes, há muitas crianças e adolescentes, às vezes centenas. Depois dos trabalhos que comecei a fazer, muitas agências vieram atrás da minha mãe para querer me representar. Eu disse não a todas. Sempre fui fiel às duas que me lançaram lá no início: a Project, de Campinas, e a Alternativa, de São Paulo.

A TIMIDEZ ME AJUDOU

A timidez me ajudou, de certa forma, na aprovação de muitos testes. Sabe por quê? Eu observo tudo. Em vez de ficar falando e falando e falando, eu fico no meu canto, olho a expressão das pessoas quando conversam, a linguagem corporal de alguns, a forma como falam. Sempre prestei muita atenção em tudo. Então, quando o diretor pede algo no estúdio, eu imagino a cena na minha cabeça e faço o que acho certo.

Mas a timidez ajuda até certo ponto. Sou da opinião de que temos que trabalhar isso na gente também. Hoje, não sou mais tão tímida como eu era. Melhorei muito, são poucos os momentos em que eu fico tímida, mas precisei de muita dedicação.

Eu chegava ao ponto, na infância, de virar o rosto para quem me cumprimentava. Deviam me achar arrogante, mas não era nada disso. O problema era essa timidez extrema, que pode atrapalhar muitas coisas na vida de uma pessoa, principalmente uma carreira. Por exemplo, por ser muito tímida, a pessoa pode não arrumar um bom emprego, ainda mais hoje, em que o mundo está absolutamente conectado. Como se comunicar se você é tímido? Minha mãe sempre falou isso para um tio meu, que é muito tímido: "Você precisa falar mais. Se não, como vai fazer uma entrevista de emprego?".

Há algumas técnicas básicas para melhorar a timidez e deixar a pessoa mais solta:

A primeira delas é fazer com que a pessoa tenha mais confiança. O tímido é, na verdade, muito inseguro. É preciso confiar mais em si. Às vezes, pode ser uma boa treinar, até mesmo na frente do espelho, como falar. Confesso que muitas vezes eu ficava na frente do espelho do banheiro treinando antes de dormir, criava conversas na minha cabeça. Minha mãe me filmava falando um texto para eu decorar, mas era muito engraçado: para as câmeras, tudo bem, mas na frente da minha mãe eu não conseguia fazer.

FIQUEI CALADA NO BOM DIA & CIA

Essa história de timidez sempre acompanhou minha trajetória, mas marcou muito a minha entrada na televisão, justamente quando apresentei um programa no SBT. Não se lembram disso? Pois vou contar.

O programa infantil *Bom Dia & Cia* foi meu primeiro trabalho grande na televisão, em rede nacional, e a primeira vez em que trabalhei no SBT. Na verdade, me ligaram para fazer um teste para a novela *Cúmplices de um resgate* e, logo depois, ligaram para dizer que queriam me testar para o *Bom Dia & Cia*. Fui na esperança de um trabalho e acabei pegando outro.

Ficamos muito surpresas com a rapidez. Em geral, quando sou chamada para testes de comerciais de TV, as respostas são bem rápidas. Mas para novelas, filmes e trabalhos maiores, os retornos demoram meses.

O SBT, quando entrou em contato comigo, não deu detalhes do que eu faria no *Bom Dia*. Disse apenas que seria uma participação de sete dias com o Matheus Ueta, então apresentador. Perguntei se teria texto para decorar. A resposta foi não. Eu chegaria na emissora e receberia as instruções. Fiquei nervosa do instante em que saí de casa até chegar lá.

Já no SBT, entrei no estúdio e me encontrei com o Matheus e a diretora, Silvia Abravanel. A produção colocou o microfone em mim. E sabe o que falaram depois?

TODOS EM POSIÇÃO! DEZ SEGUNDOS PARA COMEÇAR!

Eu achei que ia ter uma preparação! A minha vontade era de abrir a porta e sair correndo. Cavar um buraco e enfiar a cabeça. Eu peguei na mão da minha mãe, estava nervosíssima. Meus olhos se encheram de lágrimas e só consegui perguntar: "O que eu faço?" Ela me disse: "Filha, faça o seu melhor".

ATENÇÃO... ESTAMOS NO AR!

O programa começou, o Matheus apresentou as atrações, disse para ligar e olhava para mim. **"Não é, Izabela? Tem que ligar."** Eu, sem saber o que fazer, apenas repetia o que ele dizia. "É, Matheus, tem que ligar."

Pois é, virei o papagaio do Matheus Ueta. Praticamente um Louro José do *Bom Dia & Cia*, haha!

Bom Dia & Cia, com o ator e meu amigo Matheus Ueta

Saí do estúdio e disse que não, não poderia continuar apenas repetindo o que ele falava. Eu tinha que ir além e me preparar, estudar. Quando cheguei em casa, assisti a vários programas que já tinham ido ao ar, inclusive as provas e brincadeiras. Eu precisava entender como elas funcionavam para fazer bonito no dia seguinte. Comecei a bolar na minha cabeça as coisas que eu poderia falar nos próximos episódios. É o que disse antes: a timidez me ajuda a ficar quietinha, na minha, pensando em estratégias para impressionar. Já que não chego chegando aos ambientes, falando sem parar, pelo menos eu chego com muito conteúdo quando a câmera liga.

Foram sete dias de participação. No terceiro, eu fiz aula com o meu preparador de teatro, porque todo mundo começou a perceber meu nervosismo: minha mão ficava fechada o tempo todo. Eu chegava lá, ficava vermelha e, para não demonstrar no rosto, apertava a mão. No fim, esse nervosismo transparecia para quem assistia. E dava para ver a minha mão fechada no vídeo. Nada como uma boa aula e preparação para nos ajudar. Eu separei alguns bordões e frases para treinar, coisas que eu não precisava falar rápido, mas com calma, sem pressa. No outro dia de preparação, o Matheus nem precisou falar. Cheguei mais confiante, pulando, animada. Tinha uma prova do cavalo, por exemplo, e contei a história da minha tia que ama bicho, mandei beijo pra ela. O Matheus ainda perguntou o nome dela. Eu respondi: “Tia Solange”. Aí, dominei o palco do *Bom Dia*, ao lado do Matheus.

Esse foi um trabalho que não durou muito, mas foi um aprendizado e tanto. Fiquei mais desinibida nos palcos depois dessa experiência. Aprendi também a falar pausadamente, sem tanta pressa, mais calma. Não precisa ser tudo corrido. Essa desenvoltura eu adquiri em parte com esses sete dias de trabalho.

O DIA EM QUE FIZ XIXI NA CALÇA NO ESTÚDIO

Passada a breve experiência no *Bom Dia & Cia*, fui chamada para fazer um teste para um novo programa da dupla de palhaços Patati Patatá. Mal sabia eu o que aconteceria nesse teste e o aperto que passaria.

No primeiro dia, chegamos ao SBT às 6 da manhã e saímos de lá quase meia-noite. Pensam que foi fácil? Era muita criança para fazer o teste.

Mas a verdade é que o problema nem era a quantidade de pessoas que havia lá. O negócio era outro. Olha só: eu sempre tive medo de escuro. Aliás, tenho até hoje. Se tiver algum lugar sem luz ou lâmpada, esquece. Dou meia-volta e nem piso lá.

No segundo dia do teste, eu estava apertada, morrendo de vontade de fazer xixi. E o que aconteceu?

O BANHEIRO ESTAVA SEM LUZ!

Eu tinha 9 anos e meu medo era bem maior. Nem ousei ir ao banheiro com a luz apagada. Resultado: não fiz xixi e voltei para o estúdio, muitíssimo apertada.

Deu para imaginar o meu pânico? Então multiplica por dez.

Chegou a minha vez de fazer o teste e logo vi que tinha um banquinho verde do meu lado. Achei que poderia sentar e, sentada, conseguiria segurar a vontade de fazer xixi. Meninas e meninos, nunca façam isso. Bateu vontade de fazer xixi, FAÇAM!

Mas, como sempre, eu só aprendo na prática.

O diretor me viu e falou:

"Fica de pé ao lado do banquinho e fala o texto para o banquinho".

Aí, eu: "De pé?".

Levantei, apertadíssima, e comecei a contorcer as pernas.

Ele perguntou: "Está tudo bem com você?".

Nessa hora, parei de me mexer e o xixi começou a escorrer pelas minhas pernas.

Fiz xixi na calça todinha!

A minha sorte é que não pingou no chão. Pingou só na minha botinha, e acumulou tudo nela. Como estava tudo acumulado, ninguém no estúdio reparou. No fundo, no fundo, menos mal. O teste terminou, eu saí correndo, entrei no carro com aquele cheiro de xixi e disse para a minha mãe que precisava contar um negócio. Comecei a chorar. Ela me deu um abraço e me acalmou.

Mães... Sempre elas.

SEMPRE EM FRENTE E CONFIANTE, NA PATINHA DO ELEFANTE

Vida de quem faz teste não é fácil. Você tira horas do seu dia para ir até o lugar, esperar, esperar, esperar, sem nenhuma garantia de que vai conseguir o trabalho. **Para mim, era ainda mais difícil, porque eu não morava em São Paulo.** Depois de um tempo, muitos testes começaram a aparecer, pelo menos três vezes na semana. Como minha mãe trabalhava, todas as vezes precisava conversar com a chefe dela para liberá-la. Não era nada fácil, mas eu gostava.

Curiosamente, no dia em que aconteceu esse episódio do xixi, um produtor chegou para minha mãe e disse que não enviaria o teste para os diretores do Patati Patatá, “porque, se enviarmos, ela vai ser aprovada, e não queremos isso”, disseram.

Oi? Como assim?

Por que não queriam que eu fosse aprovada para um trabalho legal?

"Mas por quê?", foi a pergunta que minha mãe fez.

"A sua filha é muito boa. Estamos com um trabalho que é a cara dela e queremos indicá-la para lá. Porque se ela for fazer o Patati Patatá, ela vai ficar apenas no meio dos palhaços."

Ok. Passou um mês. Dois meses. Dois meses e meio. Três...

E NADA!

Mais um mês se passou e comecei a ver o início das chamadas do novo programa do Patati Patatá.

Comecei a achar estranho. Até que ligaram para minha mãe pedindo uma reunião com ela. Beleza. Estava na escola, minha mãe foi e, quando voltou, vi que a cara dela estava ótima.

"Filha, você não sabe... nem te conto!"

Não sei se acontece na sua casa, mas quando minha mãe aparece com esse "nem te conto" é porque vem bomba.

"Filha, você foi chamada para ser protagonista de uma série!"

"Vish! Como? REPETE!"

Eu nunca tinha feito um teste para uma série. A gente não sabia nada dessa produção. Mas acontece que a mesma produtora do programa dos palhaços também estava trabalhando em uma série infantil chamada *O Zoo da Zu* para o canal infantil Discovery Kids. O que aconteceu: eles pegaram o meu teste, aquele mesmo em que eu fiz xixi nas calças (haha!), e mandaram para a sede da Discovery em Londres.

O Zoo da Zu já tinha até um piloto – um episódio usado como teste para avaliação dos diretores do canal. Cheguei lá e fui muito bem recebida por todo mundo. Me deram parabéns, mesmo sem eu ter assinado contrato nem saber detalhes de como seria. O diretor me levou para uma salinha e fez um rápido teste comigo. Confesso que foi um teste bem diferente, pois não havia ninguém concorrendo.

"Finge que você está desenhando."

"Finge que você está com seu irmão."

"Agora, deem risadas juntos."

No fim, o diretor soltou uma música e todo o elenco entrou.

"Hoje quando o Sol raiou/ O Girafales já acordou..."

Quando começou a tocar essa música, eu continuei e comecei a cantar junto.

As coisas se encaixaram a partir daí, e eu imediatamente fui convidada para ser a Zu de *O Zoo da Zu*.

UM ZOO PARA CHAMAR DE MEU

A Zu mudou tudo na minha vida. E não há exagero nenhum nesta frase.

Para quem só me conheceu depois de *As Aventuras de Poliana*, vou explicar:

O Zoo da Zu era uma série infantil exibida de 2ª a 6ª feira, ao meio-dia e às 18h, na Discovery Kids. Cada episódio tinha trinta minutos de duração, com começo, meio e fim – ou seja, não tinha relação com o seguinte.

A Zu é uma menina de 9 anos que é praticamente dona de um zoológico. Seus pais viajam pelo mundo à procura de novos animais e deixam o comando do lugar com ela e o irmão Eric, além de seus amigos inseparáveis, a Lila e o Nuno. Fazem parte dessa aventura o tio Passarinho, o sr. Gelado e a tia Mimi. O elenco é pequeno, mas tem os animais e alguns vilões que aparecem de vez em quando para causar. A série pretende estimular, em quem assiste, o cuidado que todos nós devemos ter com o meio ambiente, a natureza e os animais.

A Zu é muito moleca, aquele tipo de menina que está sempre com o cabelo bagunçado, usa macacão e roupas largas e coloridas – sempre com estampa de bichinhos. Ela se comunica com os pais, nas frequentes viagens deles, pelo tele zoo, um tablet.

Se ela está triste, com autoestima baixa ou algum problema, ela fala:

Sempre em frente e confiante, na patinha do elefante!

Gravar *O Zoo da Zu* era uma diversão. Eu amava porque me via sendo eu mesma nas gravações. Era como se estivesse em casa. Foi uma transição de menina para pré-adolescente. Eu era apaixonada pela produção, pelos atores, pela minha maquiadora e pelo diretor Fernando Gomes, com quem tenho contato até hoje. Queria inclusive que ele dançasse comigo na minha festa de 15 anos, mas ele teve outro compromisso e não pôde ir. Foram três anos de Zu, três temporadas, um marco na minha carreira, minha primeira grande personagem.

Eu tinha muito contato com os animais nas gravações. Só para você ter ideia, já dei comida para girafa, elefante, leão, suricato, mico, cachorro, tudo quanto é tipo de bicho. Já gravei com coelho, pato, cisne e até com macaquinho pendurado em mim. Dei um picolé de carne para um leão. Na verdade, o leão não pegou da minha mão. Eu estava atrás da grade, joguei o picolé longe, e depois ele foi buscar para ficar lambendo pertinho de mim. Havia três girafas no zoo: o Girafales, o Mel e o Palito. **Bastava chamá-las que elas esticavam a cabeça e iam pertinho da gente.** E tinha também a Teresita, a elefanta. Ela passava a tromba na gente e era maravilhoso!

Não. Não pense que acabou, não. A farra que eu fazia no zoo, durante as gravações, era tanta que parecia um passeio escolar. A Zu vivia cenas muito divertidas, estava sempre brincando. Então eu, Bela, brincava também. Uma vez gravei com uma cacatua tão danada que arranhou meu ombro todinho, além de bicar minha orelha em cena. Fiquei superplena, como se nada tivesse acontecido.

Era um universo que me fez pensar: se eu não for atriz, vou cuidar de bichos.

Antes de viver a Zu, eu tinha um pouco de medo de cachorro. Lembra que comentei lá no comecinho? Não contei a história toda.

Uma vez, estava descendo a rua da casa da minha avó e vi um pitbull solto subindo a ladeira e vindo na minha direção. Eu e meu primo começamos a correr, e o pitbull veio para cima de nós. Eu corria desesperada, e ele só não me pegou para valer porque o cachorrinho da vizinha entrou na frente para me defender. Fiquei com muito medo por muito tempo. Até conhecer a Zu.

Hoje já não tenho medo de nada!

Sou apaixonada por todos os animais, mas estou estudando a fundo as cobras, porque eu gravava com uma cobra-do-milho. As cobras-do-milho são originais dos Estados Unidos – aliás, elas são mais conhecidas pelo nome em inglês, *corn snake* – e são bastante populares como animais de estimação, já que não são venenosas. Sou suspeita, porque me dei muito bem com elas, que são lindas e têm uma textura maravilhosa.

Quando gravava com as cobras, elas ficavam no meu braço e eu não sentia medo.

O Zoo da Zu, com Bebeto Colégio, Duda Pimenta, Erick Ruy, Marcelo Goes, Lieser Touma e Erika Ribeiro

É muito bizarro. Lembro o dia em que eu gravei com a cobra e minha tia estava comigo no estúdio. Eu, supertranquila, e ela em pânico só de olhar; eu me divertindo, e ela morrendo de medo.

As cobras-do-milho me ensinaram o seguinte: elas dificilmente oferecem perigo para os seres humanos, mas é bom ficar sempre esperto. **Quando ela foca em você e não desgruda o olhar, cuidado!** Ela pode, e tem enormes chances, de dar o bote! Está pronta, no momento certo, para morder. O que é preciso fazer então? Bater com a mão na cabeça dela, assim ela vai desfocar o olhar. Eu gravei a cena dando um tapinha na cabeça da cobra. Ela focava um pouquinho e eu já ficava esperta. Às vezes, ela não estava nem focando em mim e eu dava uma batidinha na cabeça dela. Acho que ela até saiu tonta da gravação de tantos tapinhas que eu dei, tadinha. Ah, mas não posso me esquecer de uma coisa muito importante: durante as gravações, eu tive o apoio de profissionais responsáveis por ela e que entendiam tudo de cobras. **Não poderia estar fazendo nada daquilo sozinha.**

Minha rotina de gravação como Zu era puxada. Gravávamos durante as férias escolares, em julho. Eu chegava ao set às 6 h da manhã para tomar o café com a equipe e gravar uma hora depois. Só que, na primeira temporada, eu continuei morando em Campinas. Isso significa que eu tinha de sair às 4h30, e meu cabelo

atrapalhava – e muito! – todo o processo. Explico: eu tenho um leve problema com o cabelo, porque ele fica oleoso muito rápido. Ficava ainda mais tempos atrás. Então, eu acordava uma hora mais cedo para lavar o cabelo. Ou seja, 3h da manhã a Bela aqui estava de pé para chegar em casa só às 21h. Era realmente muito puxado, e tive de adaptar todo esse processo na segunda temporada.

A série deu muito certo e começou a ser exibida não só no Brasil, mas em 22 países. **Orgulho total de nosso trabalho!**

Um dos principais cenários da série era um zoológico enorme que fica em Itatiba. É lindo! Quer saber o que tem lá?

Tem rinoceronte-branco, elefante-indiano, hipopótamo, tigre-de-bengala, mangusto tigrado, preguiça-real, mico-leão-dourado, macaco-aranha-do-peito-amarelo, anta e lobo-guará.

Erika e eu vivendo mais uma aventura

Entre as aves, tem arara, coruja, tucano e até cegonha!

Dos répteis, eu me recordo da tartaruga-de-casco-mole e do tigre-d'água, da iguana e da jiboia-argentina.

Dia desses, me contaram que chegaram várias girafas vindas da Áustria para completar um time de mais de 1.200 animais.

Para quem, como eu, ama animais, era um sonho poder trabalhar ao lado deles.

Foi supertranquilo gravar a primeira temporada, mas não posso dizer o mesmo da segunda. **A Discovery teve de contratar seguranças para nos acompanhar nas gravações.** Como *O Zoo da Zu* virou o programa que mais bombava no canal, todo mundo queria conhecer o lugar em que a Zu passava com seus amigos. Com facilidade, os pais das crianças descobriram que o zoológico onde gravávamos ficava a pouco mais de uma hora de São Paulo e iam lá com seus filhos. O zoo de Itatiba ficou ainda mais famoso. Excursões de colégios vinham para conhecer o lugar e, de quebra, ver por onde a turminha da Zu passou. Eu me lembro de ver uma porção de crianças perto do set de gravação gritando assim:

— Zu, eu tô aqui!

Eram crianças de 4, 5, 6 anos que acompanhavam o programa, gostavam da Zu e de mim. A minha vontade era de levar para casa. Era a coisa mais gostosa do mundo ver aquele carinho todo que elas tinham com a gente!

Olha todo mundo aí de novo! Nós nos divertíamos muito gravando o programa

MINHA MUDANÇA PARA SÃO PAULO

Fazer a Zu manteve minha infância por mais tempo. Por quê? Ora, eu, Bela, tinha 11 anos, mas minha personagem tinha 8. Eu era obrigada a manter uma postura de menina mais nova. Sempre fui mais avançada do que o normal. Por exemplo, aos 10, 11 anos, tem menina que brinca de boneca. Já eu larguei as bonecas muito cedo.

Então, em certos momentos, não foi fácil. Às vezes, tinha de postar uma foto mais infantil e não queria. Eu amava gravar e ter o contato com as crianças, mas nem sempre me sentia à vontade cantando a música da girafinha. Pensa comigo: nessa idade começaram a aparecer os primeiros *crushes*. Quem ia querer uma menina que canta a música da girafinha? Ninguém. hahaha. Esquece.

Hoje vejo que essa vergonha que eu sentia era a maior bobagem. Como a gente muda com o tempo, né? Se pedirem para eu postar uma foto de macacão, com chuquinha na cabeça, eu vou amar, porque é uma personagem incrível. Sou apaixonada pela Zu. Ela é uma menina muito fofa.

Quando escrevo que a Zu mudou minha vida, lembro imediatamente que foi por causa dela que fui morar em outra cidade. Troquei Campinas por São Paulo. Isso aconteceu antes das gravações da 2ª temporada, e lembro que a gente chorou muito com a mudança. Meu pai veio primeiro para São Paulo, arrumou um emprego, morou alguns meses aqui e se estabilizou. Aí nos sentimos seguras para mudar de verdade. Procuramos vários apartamentos, condomínios e casas. Decidimos alugar um apartamento no condomínio onde moramos até hoje. Nos sentimos muito acolhidos nele.

A grande diferença entre Campinas e São Paulo é a liberdade de poder brincar na rua, sem se preocupar. Sim, na rua, literalmente. Vejo as meninas de 8 anos do meu condomínio e percebo que elas nem sabem o que é brincar na rua. Eu posso falar, com todas as letras, que vivi plenamente a infância, brinquei à beça, de ficar na rua até tarde, de contar lenda com os amigos. Coisas que eu sei que minha irmã não vai ter. Ela vive dentro de casa, no condomínio, mexendo no tablet, e tem como diversão o balé e a natação, tudo coisa chique. Eu não tinha natação, não. Quando queria brincar de natação, a minha tia jogava água com sabão no quintal ou na garagem e a gente ficava escorregando. Talvez você, que está lendo neste momento, também não possa brincar na rua porque mora em uma cidade grande, e seus pais, com razão, se preocupam muito com sua segurança. **Eu entendo perfeitamente.** Mas não troco a infância que tive na rua do meu bairro tranquilo de Campinas por nada.

Mudar é bom, você cresce muito em pouco tempo, mas é difícil. Foi assim com minha ida para São Paulo. No começo dói cortar laços com quem você conhece desde que nasceu. Deixamos família e meus inseparáveis primos para ir atrás dos meus objetivos – que, de certa forma, eram os objetivos da minha família também. **Eles queriam que eu crescesse e me realizasse como pessoa e profissional.** O começo não foi tão tranquilo, mas, olhando para trás, acho até que nos saímos bem.

Na nova escola, me adaptei rápido. E as amizades que criei no condomínio me ajudaram muito também. Assim que me mudei para cá, várias crianças vinham falar comigo no play e acabamos ficando amigas. **Foi mais fácil viver em São Paulo por causa dos meus amigos do condomínio, porque são amizades de verdade.** Não foi por interesse, mesmo elas sabendo que eu estava na televisão. No mundo em que a gente vive, muitos se aproximam com segundas intenções, mas comigo não foi assim. Eu tive a sorte de construir uma nova família.

Vim para a capital porque a Discovery Kids nos contou que planejava ter mais temporadas de *O Zoo da Zu*. Ou seja, teríamos muitas gravações pela frente. Eu estava prestes a assinar o contrato com eles para a terceira temporada quando uma produtora de elenco do SBT ligou e me chamou para um teste. Abrimos o jogo com a equipe da Zu e fomos fazer o teste. Beleza.

A novela seria *As Aventuras de Poliana*.

Não existia uma personagem específica para mim no teste, só a “Menina 1” e a “Menina 2”. Foram semanas de testes, porque havia crianças e adolescentes de todos os tipos e perfis nos estúdios do SBT. Montar elenco de uma novela infantil é muito trabalhoso, pois são muitos personagens e cada um exige que um batalhão de atores seja testado.

Usei a minha tática infalível na hora: fui uma das últi-

mas a fazer, justamente porque gosto de observar o que o diretor pede. Assim, penso na cena que vou viver minutos depois. Fiz a cena em um cenário da novela *Carinha de Anjo*. Beleza. Saí confiante de que fui bem.

Semanas depois, me ligaram dizendo que passei para o *call-back*. *Call-back* é uma espécie de segundo teste, já com uma personagem específica. O teste é uma peneira. Começam com umas quatrocentas pessoas, passam cem. Dessas cem, passam cinquenta. Até chegar ao ator que os diretores e autores desejam para seu filme ou novela.

Entrei no estúdio para viver a Filipa. Além de mim, havia mais umas sete meninas, de cantoras a atrizes com experiência em novelas da Globo. Um diretor pediu:

"Canta uma música pra gente".

Ai, meu pai amado! Fiquei gelada nessa hora. Eu não cantava e nem tinha preparação para cantar, muito menos noção de afinação. Comecei a desenvolver meu lado cantora depois que entrei na novela com aulas de canto. Mas tudo bem. Querem me ouvir cantar? Vamos lá. Escolhi uma música com uma mensagem muito bonita, nem tão alta de afinação, nem muito baixa: **"Nada pode nos parar"**, do RBR.

Aquilo me soou como uma mensagem.

"Nada pode nos parar."

Por causa da Zu, minha personagem fofa da TV a cabo, eu já começava a ser parada nas ruas e as crianças iam me visitar no local de gravação querendo falar comigo. Mas algo me dizia que eu poderia ir além.

O SBT me aprovou no teste. Demorou quase três meses para vir a resposta, mas fui chamada para ser atriz de uma novela infantil do SBT.

O YOUTUBE É MEU CANAL

Quando a Zu começou a ter um público fiel, muitos trabalhos foram surgindo, e era comum ser chamada para participar de eventos privados. Fui a vários aniversários de crianças. Numa tarde, apareci na festa de um menino, muito fã da Zu. O trabalho virou amizade. O pai dele se apresentou, disse que era produtor musical e nos convidou para conhecer o estúdio dele, que ficava dentro da casa. Aliás, era um estúdio enorme, lindo, um sonho para quem gosta de música.

"Bela, você tem vontade de gravar algo aqui, agora?", perguntou ele, ao entrar.

"Ah, põe 'Nada pode nos parar', do RBD."

Foi uma brincadeira boba. Boba, entre aspas. Ele arrumou todo o som, eu gravei a voz, a gente fez um clipezinho e publicou no YouTube. Deu certo!

O YouTube é um canal em que eu me sinto muito à vontade como artista. É algo, aliás, em que preciso trabalhar mais. Sinto que o público jovem, como crianças e adolescentes, acompanha muito os canais direcionados a elas. Eu mesma vejo muitas coisas pelo YouTube.

Minha primeira aparição ali foi no *Mundo da Menina*, um canal sobre um grupo de meninas com vídeos de maquiagem, receitinhas, como fazer um jogo da velha, coisas criativas e tal. **E eu sempre gostei de criar. Era espectadora frequente e achava o máximo.**

Minha carreira com comerciais de TV estava começando e, um belo dia, recebi um e-mail de uma pessoa da equipe do *Mundo* sondando a minha vontade de participar. Minha mãe nem sabia o que era direito, eu expliquei e fui.

AAAAAAAAAAAAAAAAAH! 😍

Desculpem extravasar no livro, mas lembrei certinho a hora em que cheguei para gravar no *Mundo da Menina*. Fiquei surtada, nem acreditei. Eu era apaixonada pelo cenário, pelos vídeos, gostava muito. O estúdio era um quarto. **Foi a realização de um megassonho!**

Meu primeiro vídeo foi o jogo da velha, depois fiz uma receita de cumbuca de chocolate. **Eu achava o máximo porque podia levar para casa tudo o que a gente fazia para comer.** Entrei na segunda temporada e fiquei até a sétima. Fazia de tudo. Nesse meio-tempo, criamos uma banda chamada BMDM, a Banda do Mundo da Menina. Montamos uma turnê em diversas cidades do país, cantando em todo tipo de lugar, e tendo o quarto como cenário. Viajei muito. Conheci quase todo o Brasil com o quarto do *Mundo da Menina*.

Foi com o YouTube que as pessoas passaram a me conhecer como Bela. No Discovery, o público me conhecia como Zu, e não como Bela Fernandes. Me viam apenas como a personagem. No *Mundo da Menina*, eu me apresentava como Bela Fernandes mesmo. As pessoas me reconheciam e falavam: **"Olha! É a Bela, do *Mundo da Menina*".** Eu não faço mais parte do canal, apesar de ter amigas que estão lá, mas tenho muita vontade de voltar para o YouTube com um canal em que eu possa criar uma relação mais íntima com meu público, um lugarzinho em que eu possa ser eu mesma.

“CRUSH”

A música e a escrita são duas atividades pelas quais eu sou apaixonada.

Gosto muito de cantar. Sei que tenho muito a aprender ainda e tenho consciência de que minha voz passa por transformações por conta da minha idade. Por isso, não sou uma cantora do *The Voice*, muito menos uma Adele. Sei até onde posso chegar numa nota e que tem outras que não consigo alcançar. **É claro que quero estudar para aprimorar minha potência vocal.** Tenho amigas que arrasam ao cantar. Não é o meu caso, mas o importante é que tenho noção de afinação e adoro cantar, sempre gostei. Ok, confesso que no quarto ou no chuveiro eu dou uma desafinadinha ou outra de vez em quando. **Demorei a descobrir esse meu talento e quero continuar, quem sabe até fazer uma turnê um dia.** Hoje, faço meus *pocket shows* e acho bem gostoso, sabe? É muito bom encontrar meus fãs e cantar para todos.

Se gosto de cantar, gosto mais ainda de escrever o que canto. **Criar e colocar no papel tudo o que eu sinto.** Conheço muitas pessoas que têm dificuldade em escrever. Nunca tive esse problema. Acredito que deva ser por eu gostar muito de ler. Tenho vários livros no meu quarto e gosto de viajar com o que está escrito nas páginas. Talvez por isso sempre tenha sido muito boa em rimar. Sou fanática por essas batalhas de rimas do YouTube e passo um tempão desafiando meus amigos, ficamos rimando uns com os outros por horas. Quando começa, não tem hora para acabar, minha mãe até se irrita.

A primeira música que escrevi e criei foi pensando na Filipa, minha personagem de *As Aventuras de Poliana*. A Filipa fala muitas palavras em inglês, tipo:

“Hello, friends, como vocês estão hoje?”.

Eu e o produtor Gabriel Fernandes escrevemos juntos e não só quando nos encontrávamos no estúdio. Começamos, então, com essa ideia de uns toques de inglês no meio das frases. Às vezes, ele me ligava tarde da noite e ficávamos conversando durante muito tempo para entender todo o universo da Filipa.

O que fazíamos? Pegávamos todas as informações que queríamos na música, anotávamos num bloco e íamos testando para ver o que encaixava e o que podia ser cortado. O resultado de tudo isso?

A música "Crush".

Para minha surpresa e felicidade, o clipe de "Crush" tem mais de 75 milhões de visualizações no YouTube. É muita coisa. Se pararmos para comparar, o Brasil tem 210 milhões de habitantes. A minha música foi vista e ouvida 70 milhões de vezes! É demais! Quase não acredito!

Fotos das gravações do clipe "Crush"

Bianca e Che Moares no cenário do videoclipe

JP Mota, Juju Franco, Nina Vangelino e Taby Carvalho, amigos que participaram das gravações

A letra de "Crush" é um olhar da Filipa sobre ela mesma. Ela é uma menina muito elétrica, vive na rua, costuma aprontar muito e vai para casa só para dormir. Tanto que a música começa assim:

"Quando saio com as amigas, tudo o que mais quero é não ficar em casa".

Logo em seguida, vem o trecho:

"Encontrar o que fazer, seja alone ou seja com você".

Essa parte foi escrita justamente porque no mundo da Filipa ela não precisa de ninguém para ser feliz, já que ela é autossuficiente. Ela mesma, olhando para o espelho, já se basta.

E aí chega a parte do CRUSH.

"Me pergunto com que roupa eu vooou, uou, uou/ Uma festa ou um jantar, deixa o crush me olhar".

Esse trecho com *crush* eu queria pôr desde o começo, porque, querendo ou não, a Filipa é a menina mais pra frente na novela, se comparada com outras personagens da trama, como a própria Poliana ou a Yasmin. A Filipa quer causar, ter crush, ver os boys, e eu sei que as meninas nessa fase piraaaaaam com esse assunto. Tô errada? Haha!

Eu já passei pelos 13, 14, 15, sei que a maioria pira mesmo. Por isso, sugeri uma música que falasse de *crush*. Mas não é só disso que trata a letra. A Filipa tem um closet gigante e, na maior parte das cenas da novela, aparece em meio a roupas jogadas na cama, provando sem parar. Coloca colete, tira colete. Coloca tiara, tira tiara. A Filipa é MUITO vaidosa. Você não acha?

Aliás, a Filipa é mais do que vaidosa. Ela é a própria patricinha! Gosta que olhem pra ela. Por isso que na música tem o trecho:

"Deixa o crush me olhar".

Se não estão olhando para a Filipa, o mundo dela acaba. Ela realmente fica muito incomodada. Acho que esse é um dos motivos pelos quais ela não gosta muito da Poliana. As pessoas reparam na Poliana, e isso a incomoda. Filipa não gosta de dividir as atenções, gosta de ser paparicada. SEMPRE.

Ela se encaixa bem naquela frase: **"Falem bem, falem mal, mas falem de mim".**

Muitos acham que a música que eu fiz é só para falar de *crushes*. Não é. Tanto que, no próprio clipe, ela nem dá bola para o *crush*. Ela está maravilhosa com as amigas, dançando e curtindo, e o *crush* só olhando. **É essa a ideia que a gente quis passar mesmo.** Para muitos fãs, nem precisei explicar: eles já sabiam que é uma música para a personagem.

Em resumo, "Crush" foi total pensado para a Filipa. Não tem nada de Bela aí, tá? Haha! **É 100% Filipa.**

NUMA ESCALA DE 0 A 100, QUANTO VOCÊ TEM DE FILIPA?

pinte até chegar no seu nível da escala!

0 50 100

0: Sou zero vaidosa, fico de cara lavada o tempo todo, não ligo para roupas nem acessórios.

50: Tenho minha vaidade sob controle. Gosto de ver e procurar roupas com o meu estilo, mas não sou obcecada por isso. Tenho outras prioridades na vida.

100: Sou 100% Filipa. Coloco e tiro a tiara várias vezes para ver se ficou legal. Um dos meus hobbies é ficar me olhando no espelho para ver se estou linda.

Quando escrevi e gravei "Crush" com o Gabriel Fernandes, *As Aventuras de Poliana* estava bem no comecinho. Eu e minha mãe pensamos que poderíamos, mais para frente, apresentar essa música à equipe da novela. Mas a verdade é que logo apareceu uma ótima oportunidade para isso. Um belo dia, um produtor do SBT mandou uma mensagem para minha mãe perguntando se eu podia gravar uns dez segundinhos de música, qualquer música, só para eles verem o tom e o timbre da minha voz. Ao ler a mensagem, eu e ela nos olhamos e falamos juntas:

"Vamos mandar 'Crush'?".

Como já estava gravada, enviamos aquela música para o produtor. No mesmo dia, eles perguntaram:

"Nossa, de quem é essa música? É muito boa!".

Eu respondi:

"É minha."

Fiquei tão orgulhosa! Então, na mesma hora, eles decidiram que a Filipa não teria uma música criada pela equipe da novela. A música dela seria "Crush", com letra escrita pela própria atriz. No caso, euzinha! Uau! Achei a oportunidade perfeita. Depois disso, a gente apresentou mais cinco músicas que eu já tinha, e todas foram aprovadas – tanto que estão tocando na novela.

O que me deixa mais surpresa com esses milhões de *views* no YouTube é que o clipe é muito amador, tipo, MUITO. Não tem nada de produção profissional. Foi feito na brincadeira, achando que nem ia dar certo. Um amigo nosso, o Che Moraes, fez o câmera; a gente não tinha produtor e nem dinheiro, e eu falei que, mesmo que não tivesse câmera, nós gravaríamos com o celular mesmo e pronto. Acredito que, quando queremos algo, temos de batalhar, ir atrás, sem vergonha de pedir ajuda. Arrumamos o cenário na casa do Gabriel, que desmontou a sala dele. Outra pessoa nos ajudou a arrumar o cenário na parceria, sem gastos. Para cabelo e maquiagem, eu já tinha as meninas que me acompanham sempre e chamei minhas amigas, porque qualquer pessoa

que eu chamasse ia cobrar cachê. E a regra, nesse clipe, era: sem cachê, porque não tínhamos verba nenhuma.

Um segredinho do clipe:

Tivemos de gravar duas vezes. Na primeira, o *crush* seria um amigo meu, o ator Lucas Burgatti, também do elenco de Poliana. Gravamos com ele, deu tudo certo. Faltava uma semana para lançar quando o SBT chamou minha mãe para dizer que ele estava na novela e não poderia aparecer. Ok, entendemos. Tivemos de gravar tudo de novo.

Mas aí a nossa missão foi achar outro crush. Quem poderia ser?

Do nada, nos apresentaram um menino de quem nunca tínhamos ouvido falar e não havia feito nenhum trabalho como ator. Entrei no Instagram e lembro que ele tinha 100 mil seguidores. O nome dele: JP Mota. Hoje, somos amigos. Aprovamos na mesma hora. Mas como gravar essa música sem nunca ter visto a pessoa? Na primeira, com o Lucas Burgatti, ok, né? Ele era um amigo, então tudo bem gravar.

Agora imagina eu gravar com um menino que eu nunca

tinha visto na vida. O JP (João Pedro, na verdade) era muito tímido, não falava nada. Eu cheguei no dia da gravação, sentei para me maquiar, fiquei na minha e só olhei na cara dele na hora de fazer a cena, nem conversei. Passou um monte de coisa na minha cabeça. "Será que ele tá pensando que eu o chamei porque eu gostei dele, que estava a fim?". Sei lá, haha! Pensei em tantas coisas e acabei ficando nervosa também, mas não demonstrava. Ele tinha de vir dar um beijo na minha testa e falar:

"Bela, adorei a festa."

E eu estava muito tímida. Tivemos de refazer umas quinze vezes, e ele continuava supertímido também, travado. Todo mundo pedia para ele sorrir e nem sorrir ele conseguia. Hoje temos uma superamizade.

Beleza. O clipe ficou pronto e postamos.

Em 24 horas, atingimos 1 milhão de visualizações.
Em 48 horas, 1,8 milhão.
No terceiro dia, 3 milhões.

Os números não paravam de subir.

Até hoje, quando vejo, eu me assusto. Foi um sucesso que a gente nem esperava. Tanto que achei que, quando chegasse em um milhão, ia parar por ali. Aí, nos 2 milhões, falei "eita". Nos 3, disse "caraca". E hoje, nem sei mais o que dizer... Haha!

UM MOMENTO DE PAZ NO MEU DIA

Eu adoro chegar em casa, tomar banho (não consigo relaxar sem um bom banho), pentear meu cabelo, entrar no meu quarto e sentar para escrever. Pego meu ukulele – aquele violãozinho pequeno – e faço algumas batidas para ver se sai alguma coisa. Confesso que nem sempre sai. Mas eu tento.

Compor é uma das minhas paixões. Tenho um bloco repleto de anotações, rascunhos que muitas vezes não termino. Não faz mal. Um dia talvez eu pegue para dar continuidade. Quando crio batidas no ukulele, é mais tranquilo, a letra sai com facilidade. Quando não defino a batida, começo a escrever frases aleatórias que me definem naquele momento. Sei lá, coisas do tipo: "eu te amo", "você me faz feliz", "estou superapaixonada". São fáceis para montar rimas a partir delas e ir trocando, quando necessário.

Tenho mais facilidade em escrever músicas românticas do que de qualquer outro gênero. Deve ser porque eu sou mais romântica mesmo – ainda que às vezes não pareça. Tem gente que acha até que sou meio grossa. Nada disso! É pura impressão. Sou muito sensível quando a questão é amor ou relacionamentos.

Esse também é um dos tipos de música que mais gosto de ouvir. Se estou sem ideias, ligo meu som e ouço canções que me definem naquele momento, seja em português, inglês ou espanhol. Sempre pesquiso e procuro coisas novas também – aliás, é supercomum eu assistir a videoclipes no YouTube que têm, tipo, umas cem visualizações. Quando acho uma música nova, coloco o fone e fico ouvindo, especialmente quando vejo que a letra se encaixa com o que estou sentindo naquele momento. Aconteceu, por exemplo, de uma música falar de ilusão, e eu pensei: "Nossa, isso tá me descrevendo muito. Vou escrever uma letra sobre isso".

Meu processo de escrita começa assim:

No bloco de notas do meu celular, escrevo sobre tudo o que sinto naquele momento. Dramas, angústias, alegrias, amores, amizades. **Nunca pego meu celular pensando em escrever uma música.** Os caderninhos também me ajudam muito, mas são vários e pequenos... costumo perdê-los pelo caminho. O bloco de notas, não. Lá eu sei que sempre vou poder acessar minhas ideias. Por exemplo, hoje, antes de sentar e escrever mais um capítulo do meu livro, fiz umas anotações. Aconteceu algo muito bom comigo e com a pessoa de quem eu gosto. Então sentei, escrevi e guardei. <3

Quando apareceu o meu primeiro crush da vida, comecei a escrever uma música. Escrevi, escrevi, escrevi, e saiu nada com nada. Ou seja, não deu nada certo. Quer dizer, não deu certo com o *crush* e parei a música. Sofri e parei. Nesse mesmo momento, apareceu outro *crush*. Continuei a música do primeiro, mas pensando em outro. Haha! Uma confusão, né? Criei uma tremenda letra: escrevi uma música romântica pensando em dois meninos diferentes e terminei sem gostar deles. **Mas ela tem pedacinhos de histórias que eu vivi. Isso que importa.**

Escrever ajuda quando estou triste e sem coragem de conversar com os outros, até mesmo com a minha mãe. Eu desafogo tudo na escrita. E aí, quando vejo, estou compondo uma música falando dos meus sentimentos, do que aconteceu. Ou seja, o processo se dá de forma muito natural. Eu nunca, sei lá, "reservei" um horário para escrever uma música. Se eu fizesse isso, não sairia nada. Apenas me sento, penso nos meus sentimentos e crio umas rimas.

E posso falar? Escrever ajuda muito a aliviar as tensões, porque coloco tudo para fora. Esse é o meu método para relaxar, sozinha mesmo, sem falar com ninguém. Sempre sai umas coisas legais, mas também umas coisas meio doidas, né? Melhor nem comentar. Haha! Um dia desses minha mãe me perguntou sobre as inspirações para as minhas músicas. "Mãe, não preciso estar inspirada para escrever", respondi. É passar o que sinto para o papel ou para o bloco de notas do celular. É um diário de menina que talvez você também tenha. Abro meu coração em forma de poesia, rimando. Falei da minha mãe e lembrei de umas histórias sobre esses processos. Quando começo a ficar empolgada, chego para ela tarde da noite e digo:

"Mãe, posso tocar uma música pra você?"

Esses dias, cheguei tão feliz que nem percebi que ela estava dormindo. Ela abriu os olhos e comecei a cantar. Não é que ela começou a chorar? Foi lindo. Minha mãe me incentiva muito em todos os sentidos, principalmente na música. Diz que foi um dom que Deus me deu. E se Ele me deu, tenho de aproveitar.

Esses momentos de criar uma música são lindos, mas demoram. No processo todo, preciso estar sozinha, depois do banho, na paz, sem ninguém entrar no quarto. Já aconteceu de a Gabi entrar e acabar com o momento. Aconteceu também de minha mãe quase levar uma multa no condomínio, porque eu tocava ukulele depois das 22 h. É que eu gosto mesmo de tocar. **E aprendi sozinha, viu?** Não fiz aula, foi tudo com a ajuda de um aplicativo. Depois, pedi um teclado de presente e aprendi. Aí, agora, pedi um pandeiro. Só que o pandeiro é mais na brincadeira, né?

Meu próximo passo é uma bateria. Já pensou:

BELA ROQUEIRA? Haha!

Gostam da ideia? E se for uma guitarra? Vai ficar ainda melhor! Já sei: vou criar um estúdio pra mim e você vem me visitar e tocar comigo. O que acha? Nada mal, hein?

MEUS CRUSHES

Eu sempre me considerei uma pessoa superfofa, super-romântica, mega-apaixonada.

Tanto que meus dois ídolos musicais cantam músicas românticas.

Quando adolescente, eu era muito fã da Martina Stoessel, mais conhecida como Tini Stoessel, ou simplesmente TINI, a Violetta da novela da Disney Channel.

Eu era louca e apaixonada por ela, uma menina super-romântica. Sabe o que descobri? Que tem uma música que ela mesma escreveu. A "Te Creo". Tenho até hoje na minha playlist. Só de lembrar a letra parece que vem a imagem dela com o namoradinho cantando.

O meu outro ídolo é... tcharaaaaam:

JUSTIN BIEBER!

Sou tão fã, mas tão fã, que até já fiz uma festa de aniversário com o tema Justin Bieber. Eu tinha 7 anos na época, mas a verdade é que serei fã dele para sempre.

Quando descobri que ele se casou com a Hailey Baldwin, eu chorei.

No dia do casamento, fiquei no meu quarto chorando o dia inteiro, SO-LU-ÇAN-DO. Minha mãe, claro, ficou preocupadíssima.

"Bela, o que aconteceu?"

"Mãe, o Justin Bieber se casou!"

Eu queria, desejava, que ele se casasse comigo. Sonhava que ele ia se apaixonar por mim e me acordaria todas as manhãs cantando "Baby, baby, baby", haha!

Passei o dia escutando TODAS as músicas tristes que ele tinha. Era para sofrer mesmo. Uma das minhas preferidas se chama "That Should Be Me", que diz algo assim, em português:

"Essa deveria ser eu, segurando sua mão/ Essa deveria ser eu, fazendo você rir".

Lá para o final do refrão, diz assim:

"Essa deveria ser eu, sentindo seu beijo".

Ai, ai!

Hoje, escrevo este parágrafo e dou risada. Mas quando ele cantou essa última frase e eu ouvi na cama do meu quarto, eu chorei, chorei, chorei.

Ainda sou assim, muito apaixonada por ele.

A Bela sou eu mesma, rsrs;
a fera é meu amigo Pedro Zazzera

VAMOS FALAR DE CRUSHES?

Tenho certeza de que esse é um assunto que você ama. Talvez você nem tenha lido os capítulos anteriores e foi direto lá no sumário ver onde eu falaria sobre a minha vida amorosa! Como decidi abrir minha vida num livro, é chegada a hora de revelar tudo sobre o assunto.

Eu já disse que aparento ser grossa para alguns, não é? Mas não sou, nem nunca fui, diga-se de passagem; sou romântica até demais da conta. Já me machuquei muito por gostar de alguém. Justamente por causa disso aprendi a ser mais durona. Posso estar superapaixonada e escrever as coisas mais fofas do mundo que vou ver a pessoa e fingir normalidade.

Não chamo para sair. Essa é a minha primeira regra. Não é um conselho que estou dando. Tenho zero problema com minhas amigas que têm coragem e tomam a iniciativa. Mas não sou assim. Vocês não sabem o que minha mãe aprontou pra mim. Sabendo que eu tinha poucas cenas para gravar na novela, virei para ela e disse:

"Mãe, vamos marcar algo para quinta-feira?"

Ela falou:

"Não. Na quinta você tem compromisso. Marquei cinema pra você.".

"Oi? Como? Com quem? Eu poderia ter sido comunicada antes?"

"Ah, com alguns amigos..."

Você acredita que ela chamou o menino que eu gosto?

Sim, é isso mesmo. Minha amada mãe marcou um date pra mim! Haha!

Compromisso marcado. Chega o grande dia. Ele entrou no carro. Eu falei:

"Nooooossa, mas o que você tá fazendo aqui?"

Mentira, né? Por dentro eu estava explodindo de felicidade.

Meio na brincadeira, na porta do cinema, ainda falei:

"Minha mãe que te chamou, vai assistir ao filme com ela."

Haha, bem grossa. Mas ela não entrou no cinema. Ficou cada um na sua. E posso dizer? Foi ótimo. Porque, se não fosse ela, não teria rolado esse date.

Bom, uma coisa tenho que confessar: sempre tive muitos *crushes*.

O primeiro foi um menino que eu via na Xuxa. Ele dançava Xu Xu Xu Xa Xa Xa. Um loirinho que era a coisa maaaais linda. Eu, pequenininha, o via na televisão e ficava apaixonada.

Mas meu primeiro *crush* da vida real foi no primeiro ano — ele estava na quinta. Avançadinha, eu? Quase nada! Mas não era só eu. Quase todas as minhas amigas também gostavam dele. Eu, toda manteiga derretida, ia para o banheiro e chora-

va, acreditando quando uma ou outra falava: "Ai, ele gosta de mim". Pra quê, né? Eu chorava horrores. No fundo, sempre era mentira pura.

Ele se chamava Léo. Lembro até hoje quando comecei a gostar dele. A escola organizou uma festa junina, e a diretora o chamou pra mostrar a coreografia na frente de todos. A música era:

"É na sola da bota, é na palma da mão".

Ele dançou todo bonitinho e eu falei: "Gente, que menino lindo!" Magrelinho, com o cabelo preto arrepiadinho pra cima. Claro que me apaixonei de cara.

Nessa fase, a história se repetia: eu via um menino bonito, me apaixonava e já achava que ia casar. Como estudei na mesma escola até o terceiro ano, ele foi meu *crush* por muito tempo. Perguntem se ele olhava para mim. Ele passava e nem uma olhada de canto de olho. Você acha que ele ia olhar para uma pirralha? Não, né? É tipo minha irmã se apaixonar por alguém da minha idade. É uma coisa muito platônica.

Mas verdade seja dita: não era amor, muito menos paixão. Era frescurite de achar um menino bonito e achar que estava apaixonada, sabe? Era mais uma diversão, um passatempo da idade. Achava ele bonito e, como todas achavam, eu fazia parte do grupo. Eu nem sabia lidar com isso, embora fizesse drama. Acho que se elas não gostassem do menino, eu também deixaria de gostar. Mas ele foi o único que eu achei bonitinho sem ter interesse. Demorei pra gostar mesmo de alguém.

Mas, afinal, o que é um *crush*?

Acho que é quando você sente algo a mais.

Por falar em *crush*, deixa eu fazer uma revelação aqui:

EU ACHAVA UM ABSURDO BEIJAR NA BOCA!

Até os 11, 12 anos de idade, eu era contra beijar, parecia supernojento! Se algum menino tentasse me beijar, mesmo que fosse lindo, eu saía correndo.

Eu dizia pra minha mãe que nunca ia ficar com nenhum menino.

Pensava comigo:

"Para beijar, é preciso encostar boca com boca, certo? A gente come com a boca, né? E come todo tipo de comida: lasanha, bife, batata frita, sorvete, queijo. Ou seja, vou beijar alguém com gosto dessas comidas todas? AAAARGH. Nojento!"

Aí, beleza, passou um tempo, troquei de escola.

Tinha um menino, o Mateus, que era muito apaixonado por mim, e isso era o máximo, embora eu não gostasse dele. Ele era, tipo, um ano mais velho, estava no quinto ano (eu no quarto) e vivia me mandando cartas. Só que na hora de falar comigo pessoalmente, ele ficava mudo e não conseguia. Íamos para a escola na mesma van e era um silêncio absoluto. Era como se não nos conhecêssemos. A irmã dele estudava comigo. A minha prima comentou que ele me achava linda. Todos os amigos dele sabiam. Na hora do recreio,

rolava aquele bochicho aqui e ali: "Eeeei, o Mateus gosta da Bela". Nós dois sabíamos de tudo, mas tudo era feito por cartas mesmo, que eram enviadas pela irmã dele. Era tão fofo, ele escrevia dizendo que eu era o amor da vida dele. Eu, por outro lado, não falava dos meus sentimentos pra ninguém.

Depois de alguns anos, encontrei o número dele e começamos a conversar, lembrando daquelas cartas e como era engraçado aquilo tudo. Na época, eu não respondia e fingia que nem conhecia o menino. E ele me mandava cartas sem parar. Lamento muito que as pessoas, principalmente os mais jovens, não se comuniquem mais assim hoje em dia. **É incrível receber uma carta. Acho muito fofo.**

Comecei a ter vontade de ficar de verdade com alguém só aos 13 anos, quando me mudei para São Paulo e o meu condomínio estava lotado de pré-adolescentes de... 13 anos. Fiz amizade rápido e logo tive uma melhor amiga, a Akemy. Certa vez, fomos comemorar um aniversário na casa dela. Quando cheguei, quem abriu a porta foi o primo dela, o Pedro.

O que dizer? Ele era MA-RA-VI-LHO-SO. Eu vi aquele menino e pensei:

"Nossa senhora, ele é muito lindo!".

Claro que fiquei apaixonada! Mas o que eu ia fazer? Nunca tinha ficado com ninguém.

E todos os adolescentes do meu prédio já tinham ficado...

E aí, o que fazer? Isso já aconteceu com você? Comigo foi assim: eu falava que já tinha ficado, só que, claro, era mentira. Mas se alguém me perguntava, eu falava que sim.

E COMO FOI, BELA, O SEU PRIMEIRO BEIJO?

Ah, foi incrível!

Mentiiiiiiiiiiiiiiiiiiiiira.

Tudo invenção. Não queria passar por BV. Então, naquela fase, eu inventava. Hoje, vejo que é uma besteira, ainda mais quando você tem amigos de verdade, em quem você confia. Fala que é BV e acabou.

Beleza, voltei para a escola e contei para uma menina que eu estava apaixonada pelo primo da Akemy. Pois a menina virou para mim e disse que já tinha ficado com ele. Eu me senti para trás. Parecia que todas as meninas já tinham ficado e eu... nada.

Pedro não morava no condomínio, mas ele sempre ia nas férias de final de ano. Lembro até hoje dessa cena: eu chegando do SBT e ele saindo da quadra. Nooossa senhora! Por sorte, eu tinha mudado de apartamento e fui para a torre da Akemy, o que fazia com que pegássemos sempre o mesmo elevador.

Nessas férias, eu e ele começamos a conversar pelo Snapchat.

E eu nunca tinha tido conversas desse tipo com ninguém, né? Até que fui audaciosa e perguntei da vida amorosa dele.

MEU CRUSH

MEU CRUSH
Eu tô solteiro, e vc?

EU
Ahhh, eu tô começando a gostar de um menino, mas aaacho que ele não gosta de mim.

MEU CRUSH
HUMMMM.... Posso saber quem?

EU
Ah, não posso falar!!

MEU CRUSH
Bela, vc já falou pra ele que vc gosta dele?

EU
Não

MEU CRUSH
E pq vc não fala?

EU
Então tá...
Eu gosto de vc! <3

Juro, mandei na lata que eu gostava dele, assim. E, para minha sorte, tinha sido correspondida: ele respondeu que também gostava de mim. PRONTO. Fiquei com um sorrisão na cara. Eu tinha de acordar cedo no outro dia e fiquei conversando com ele até às 5 h da manhã. Isso mesmo, e eu acordava às 6 h. Dormi uma hora, mas valeu a pena, porque eu estava megafeliz. **Só que ele achava que eu já tinha ficado com outra pessoa, o Messi.** O Messi gostava de mim na época, e era muito amigo do Pedro. Ele falava: "Ah, mas como vou ficar com você? O Messi é meu amigo e também gosta de você". Eu respondia: "Ah, nada ver, esquece isso".

Ficamos uma semana enrolando, pegando na mão um do outro e ficando abraçadinho. As primas dele, também minhas amigas, já sabiam que eu queria ficar com ele, e ele comigo. Então, elas armaram um plano lá no condomínio pra ninguém saber. Disseram:

"Bela, vai ali pegar um negócio pra mim?"

Quando eu fui, o Pedro foi atrás, e eu fiquei suuuuuupernervosa, sabendo que ia ser a hora.

"Você quer ficar comigo?", ele perguntou.

"Não.", respondi mega-hipernervosa.

Eu estava completamente apaixonada, desesperada para ficar com o menino, e respondi "NÃO". Virei as costas, sentei no sofá, querendo chorar porque tinha falado "não" para o menino de quem eu gostava. Nesse momento, ele chegou e falou:

"Eu sei que você quer ficar comigo.", e me beijou.

Assim foi o meu primeiro beijo.

Se eu gostei?

Bem, na hora eu senti como se tivesse uma minhoca mexendo na minha boca, haha! Todo mundo falava que beijar era maravilhoso. Ele parecia não estar nervoso e já beijava desde os 12. Eu saí decepcionada.

"Isso é beijar?", me perguntava.

O meu primeiro beijo não foi ruim, mas foi estranho, sabe? Tipo, eu saí meio desesperada. Não sabia se eu tinha beijado bem, achei que ele contaria pra todo mundo... Pensei até em nunca mais beijar, porque achei muito sem graça. Como escrevi, achei que era uma minhoca viva dentro da minha boca, hahaha!

Ao mesmo tempo, saí dali apaixonada pelo Pedro. Tinha certeza de que a gente ia casar, ter filhos, morar juntos para o resto da vida. Só que... não foi bem assim que aconteceu.

Fui perder o medo de ficar com alguém depois que eu fiquei com o Pedro umas cinco vezes. E, pensando bem, até a terceira vez eu ainda ficava muito nervosa, porque não sabia se estava fazendo certo. Depois perdi o medo. Agora até me acho experiente na hora do beijo, haha!

Fiquei um tempo apaixonadinha por ele. Fazia declarações quase diárias, do tipo: “Eu te amo.” Continuamos a ficar, dávamos as mãos quando estávamos juntos. **Ele era um gentleman, me tratava muito bem.** Na primeira vez que ficamos, ele me olhou e perguntou se foi bom. Falei que sim, e aparecemos de mãos dadas para o pessoal. Nessa época, nos reuníamos para comer pizza na casa de alguém quase todo dia. Minha mãe não aguentava mais pagar pizza para o povo. Toda vez, nós ficávamos. No começo, às escondidas, porque não queria machucar meu melhor amigo que gostava de mim. Então, tínhamos uns truques para disfarçar. Combinamos assim: “Vamos jogar bola?” **Todo mundo ia pra quadra e a gente ficava por último para dar uns beijinhos antes de chegar lá.**

Depois de um tempo, não teve jeito e todo mundo ficou sabendo, né?

Nesse período, eu continuava me declarando pelo celular. Escrevia várias músicas pensando nele, estava superapaixonada. Um dia, apareceu uma menina falando que ele tinha namorada. Comecei a ficar desconfiada. A verdade é que ele não namorava ninguém. Fizeram tudo para estragar nosso relacionamento. Mas, até eu descobrir, as coisas meio que começaram a dar errado e fomos nos afastando. Eu sofri muito. Como escrevi, achei que a gente ia casar. Haha!

Eu chorava, porque soube que ele falava com outras meninas também. Não me aguentei e mandei uma mensagem pra tirar satisfações.

"Meo, você não sabe o que é gostar de alguém? Eu gosto de você, mas você não gosta de mim, se gostasse não ia conversar com outra pessoa."

Depois, me afastei do celular. Chorei, chorei, chorei. Meu primo estava lá em casa, me via chorando de madrugada e pensou que eu morreria de tanto chorar.

"Bela, por que você chora tanto?"

O Pedro não sabia que chorava tanto assim. Só sabia que eu estava triste. E aí a gente se afastou. Só que ele é um *crush* que, não importa quanto tempo passe, sempre estaremos próximos. Vou ter um carinho muito grande por ele, até por causa da sua família. Sou muito amiga das primas, conheço a mãe dele, já estive na casa dele. Viramos amigos. **Aliás, ele foi um dos 15 amigos que dançou valsa na minha festa de 15 anos, porque foi muito importante na minha vida.** Digo que foi um aprendizado. Aprendi a não me iludir, não ficar morrendo de amores, dizendo "te amo" logo depois do primeiro beijo. Calma! **Às vezes, é bom passar por isso para aprender.**

Contei para você do meu primeiro beijo, mas contar pros meus pais que a filhinha deles deu o primeiro beijo na boca é diferente. Quando fiz essa declaração, foi tão surpreendente que minha mãe quase bateu o carro. Pois é.

Eu procurei diversos momentos em que estivesse sozinha com ela, e não achei nenhum. Sempre que eu pensava que poderia falar, ela entrava com um assunto diferente. Ou não tinha momento. Até que estávamos no carro, tínhamos acabado de deixar meu pai e pensei: **"É agora! Chegou a hora!"**

Comecei a soltar umas indiretas. **"Ah, mãe, a Akemy tá toda apaixonada, né?** O Messi também, ficando com várias meninas, um ano mais novo que eu e já beijando. Você acredita nisso, mãe?"

Minha mãe, que de boba não tem nada, foi direta.

"E você, filha, já ficou com alguém?"

É claro que nossas mães e nossos pais são espertos e captam no ar o que se passa com a gente. Ela percebeu que, do nada, eu puxei assunto de beijo no carro e também já desconfiava de algo, porque eu nunca fui de descer para o play com tanta frequência. E, quando descia, ficava ao lado do Pedro, na maior parte do tempo.

Eu fiquei meio atordoada com a pergunta; ela foi tão direta que me surpreendeu.

"Nããããããão."

"Não mente pra mim, Izabela."

"Tá bom, tá bom. Já fiquei, mãe!"

Quando eu confirmei, ela tirou as mãos do volante!

"Não acreditoooo!"

"Mããããe, segura o volante!!!"

Eu achei que ela ia desmaiar ali, no meio da rua. Mas deu tempo de parar o carro no acostamento.

"Pode me dizer com quem foi?"

Eu contei que foi com o Pedro. Não satisfeita, ela queria saber onde foi.

"No prédio."

E aí veio a pergunta que eu já imaginava.

"E foi bom?"

Falei que sim, e pronto. Não tocamos mais no assunto. Foi uma fase bem complicada para nós duas. Ela tinha muito ciúme de mim, e a gente brigava muito por causa disso. **Depois que contei do beijo, acho que caiu o mundo pra ela, porque quase não me deixava mais descer no condomínio.** E sabe o que acontecia? Eu dava uns beijos escondidos na escada do prédio. Haha! Ela me ligava para saber onde eu estava, e eu dizia que estava lá embaixo. Eu desligava e saía correndo pela escada para me encontrar com as minhas amigas. Como se nada tivesse acontecido. Antes de abrir a porta de casa, após os beijos, sempre ficava com medo e toda preocupada: **"Será a que minha mãe vai perceber? Será que a minha boca tá normal? Deixa eu ver aqui no espelho".**

Sério. Eu me arrumava antes, entrava em casa, tomava minha aguinha, jantava e quarto.

Não contei para o meu pai. Quem contou foi minha mãe, mas ele foi muito de boa. **Quando minha mãe tinha essas crises de ciúmes, ele conversava com ela.** "Carol, ela já está com 13 anos. É normal. Você tem de deixar ela sair."

No começo, ela odiava o Pedro. Só gostou dele quando fizemos uma viagem juntos para a praia, depois que tínhamos terminado tudo, na Copa de 2018. Minha mãe quis ir para a praia e disse que eu podia chamar três amigos. Convidei um amigo, uma amiga e... o Pedro. Quando falei pra ela que tinha chamado o Pedro, só faltou ela surtar. **Tive que explicar que não tinha nada a ver, éramos só amigos.** Então foi ok. Mas é claro que, quando podia, rolavam uns beijinhos na praia. **Sempre que dava, ficávamos.** Ih, caramba, minha mãe nem sonha. Agora vai ficar sabendo disso pelo livro.

QUESTIONÁRIO DA BELA

O QUE FAZER QUANDO NÃO SE É CORRESPONDIDO?

Não tem segredo. Não adianta chegar aqui e escrever: "Não chora. Você vai arranjar alguém melhor." **Eu acho que você tem que chorar tudo o que tem pra chorar, sofrer tudo o que tem pra sofrer.** Se for preciso, entre no seu quarto e escute uma música triste, porque isso vai fazer bem depois. Tem de sofrer pra passar; eu, pelo menos, só aprendi sofrendo. E sabe qual é a parte boa? É que tudo passa. **E depois que tudo isso passar, se olhe no espelho, com orgulho.** Nem que você tenha que se maquiar, vestir uma roupa bem bonita e sair para se sentir bem consigo mesma. Acho que foi uma das coisas que eu mais aprendi, quando não fui correspondida. Sofri bastante, chorei horrores, mas comecei a me valorizar.

É preciso se valorizar antes de gostar de alguém.

Eu sofria muito, pensava no que as outras meninas tinham que eu não tinha e me sentia muito inferior. Até que um dia eu me olhei e falei:

"Ei, pera aí! Claro que não. Olha o tanto de coisa que eu faço. Eu trabalho, dou o meu melhor, faço coisas que muitas meninas da minha idade às vezes não aguentariam fazer. Sou muito forte. Já passei por tanta coisa pra ficar chorando por menino."

E assim passei a me valorizar, até mesmo para ser mais dura com as pessoas. Não demonstro mais tanto meus sentimentos com medo justamente de me machucar. Preciso confessar que hoje tenho ainda esse receio de me jogar no relacionamento. Por isso, fico muito insegura para demonstrar qualquer sentimento.

Que esse desabafo fique entre nós, tá?

NAMORAR É BOM?

Eu sempre busquei ficar sério com alguém. Buscava e quis namorar. Agora peguei ranço de namorar. Haha!

Brincadeirinha... Eu, Izabela, aos 15 anos, estou na fase de parar de procurar. Deixo acontecer...

Antes adorava ir em matinês pra ver garotos. Eu queria estar com alguém, mas agora acho que estou na fase de pensar mais em mim mesma. Se acontecer, aconteceu. Se for pra aparecer alguém para namorar, para dar certo, vai aparecer normalmente. E se não aparecer, está tudo bem também.

O importante é estar bem consigo mesma.

As meninas que me acompanham me perguntam muitas coisas. Uma delas é se o meu primeiro beijo foi bom. Já contei nas páginas anteriores que a sensação era a de que tinha uma minhoca viva na minha boca. Mas você sabe que, depois de muito tempo, eu contei para o Pedro que perdi o BV com ele e queria muito saber se beijei mal, pois na minha cabeça tinha ido de mal a pior. Ele ficou chocado.

"Não pareceu que você perdeu o BV comigo, porque foi certinho."

Bateu um orgulhinho no peito.

"Acho que é um dom. Nasci sabendo.", falei brincando.

TEM IDADE CERTA PARA DAR O PRIMEIRO BEIJO?

Não. É preciso que você se sinta preparada e decidida. Tem meninas que perdem o BV com 11 anos, outras com 15 ou mais. **O mais importante de verdade é beijar alguém de quem você goste.** Não precisa estar apaixonada, mas curtir a pessoa. Hoje em dia, vejo muitas meninas que vão a qualquer matinê pra ficar com qualquer menino desconhecido só para tirar o BV. Sou diferente. Acho que não tem hora certa. A hora certa é você quem faz, no momento que tem que rolar, e nunca por pressão de amigos. Escrevo isso porque as pessoas pressionam muito ou se sentem pressionadas. **Foi o que aconteceu comigo.** Eu tinha vergonha de falar que era BV e mentia, só para me encaixar ali no meu grupinho. Achava que se eu falasse que não era BV, estaria tudo certo, eles ainda seriam meus amigos. Na época, achava que eu não seria aceita se falasse que nunca tinha beijado.

O QUE FAZER PARA O PRIMEIRO BEIJO SER BOM?

Pra começo de conversa, não pode estar com mau hálito. Sem chance, tanto que meu primeiro beijo foi antes da pizza. Depois da pizza já não ia dar, né?

Dica: chupe uma balinha, esteja com seus lábios hidratados. Beijar alguém que esteja com lábio ressecado não é muito legal.

Ah, também não beije muito rápido. Aproveite o momento. É normal estar nervoso. Se, na sua primeira vez, for beijar alguém que já tenha alguma experiência, deixe essa pessoa guiar. Se os dois forem inexperientes, talvez o beijo seja um caco. Mas se não, deixe ser guiada... Eu já beijei pessoas que beijam mal, já bateram dente com dente.

MUITO IMPORTANTE: Não bata dente com dente! Por favor!

Tem vários tipos de beijos:

O BEIJO MUITO BOM, aquele maravilhoso, que encaixa;

O BEIJO BOM, que você não vê diferença com nenhum dos outros;

O BEIJO RUIM, mas ruim demais. Isso acontece, por exemplo, quando você beija uma pessoa que está com gosto de comida na boca.

Já beijei um menino que estava com gosto de queijo ralado, e eu odeio queijo ralado. Quase vomitei!

Uma amiga certa vez me contou que beijou um menino que estava com gosto de feijoada. Esse é o meu maior medo, porque odeio feijão. Imagina... seria o fim! Prezo muito esses detalhes. Fico de olho na pessoa que eu vou beijar. Se ela comeu alguma coisa, já não quero mais.

O beijo ideal, pra mim, tem de ser um beijo mais lento. Por eu ser romântica, tem de ser mais fofinho. Já tentaram arrancar meu beiço de tanta força.

Pra que pressa? Calma, muita calma.

E tem aquele beijo que não dá certo, né?! Que não tem a ver com você. Por exemplo, tinha um menino com quem eu ficava que ia ao meu prédio direto. A gente ficava, mas o beijo não encaixava. Eu gostava tanto dele que insistia, até que chegou uma hora que encaixou.

FICAR COM MAIS DE UM NA MESMA NOITE. CERTO OU ERRADO?

Outra pergunta que me fazem é se acho certo ficar com mais de um na mesma noite. É uma pergunta que vale um debate, porque tem gente que acha que é errado. Respeito quem acha errado, mas sou dessas que pensa que se você quer, você faz, sabe?

Não julgo ninguém. Alguns falam: "Ah, essa menina é uma galinha. Pega vááááarios."

Não é assim. Se você quiser, você pode, sim, ficar com mais de um na mesma festa. Se você quiser ficar só com um, ok. E se não quiser ficar com ninguém, tudo certo também.

Não se sinta obrigada a nada, muito menos se todo mundo estiver fazendo aquilo. Se quiser fazer diferente, faça.

Sou dessas que pensa que podemos nos divertir sozinhos. Ficar com alguém não é garantia de diversão. Escrevo isso porque, quando era mais nova, eu achava que a festa só ia ser legal se eu ficasse com algum menino. Hoje, sei que eu e uma amiga podemos nos divertir muuuuito.

Por falar em amizade, uma das minhas diversões é chamar meus dois amigos pra ir lá em casa, escutar música e dançar.

AMIZADE ENTRE HOMEM E MULHER EXISTE?

Respondi lá no começo do livro, mas vai de novo: é claro! Meu melhor amigo é o Lucas, ou Messi. Eu sempre tive mais amizade com meninos do que com meninas.

PRÍNCIPE ENCANTADO EXISTE?

Sempre acreditei, tanto que eu achava que ia perder meu BV e já podia marcar o casamento, porque ele seria meu príncipe encantado. Eu superacreditava. Meu choque de realidade aconteceu quando percebi que nem tudo é um conto de fadas, nem tudo é um mundo de fantasia. Ainda acredito que um dia vá aparecer a pessoa certa pra mim. Mas, se não aparecer, qual o problema de ficar sozinha?

O QUE VOCÊ ACHA SOBRE CASAMENTO?

Acho incrível. Vou até começar a guardar dinheiro para fazer um festão. Haha!

Me imagino com um vestido de noiva branco, entrando numa igreja ao som de "A Thousand Years". Tenho tudo planejado, justamente por ter esse lado muito romântico. Penso em me casar e ter filhos - tenho vontade de ser mãe. Minha mãe foi mãe cedo e acho que ela é uma mãezona, tanto que a gente é muito parceira. Não sei como será minha vida profissional daqui pra frente, mas tenho vontade de ser mãe por volta dos meus 25 anos. Tenho um plano na cabeça. Pode ser que não dê certo, claro, mas eu planejo meu futuro, e o casamento está na minha mente. Quero casar, viajar muito com meu marido, aproveitar bastante durante um ou dois anos, depois ter filhos e viver feliz para sempre.

Mas também tudo bem se não for desse jeito.

VAMOS ÀS ATIVIDADES?

QUEM SOU EU?

Entre as três principais personagens – Zu, Filipa e Carol – vividas pela Bela Fernandes, quem são elas abaixo?

1. Sou uma menina romântica, que faz de tudo pela amizade, mas tem medo de demonstrar seus sentimentos.

____

2. Sou vaidosa e minhas redes sociais são tudo pra mim. Gosto de ser popular e chamar atenção.

____

3. Sou muito moleca. Amo animais, amo a natureza e a melhor companhia para mim são os amigos e a família.

____

SERÁ QUE VOCÊ ME CONHECE MESMO?

Assinale a minha preferência em cada item e depois é só conferir a resposta certa.

COMIDA PREFERIDA

Italiana
Tomate
Japonesa

COR

Preto
Rosa
Branco

MÚSICA

Pop
Funk
MPB

ÍDOLO/CRUSH

Shawn Mendes
Ed Sheeran
Justin Bieber

SONHO DE VIAGEM

Disney
Egito
Paris

COMIDA QUE NÃO GOSTA

Camarão
Brócolis
Feijão

ESTILO DE ROUPA

Tumblr
Roqueira
Patricinha

HOBBY

Cozinhar
Andar de patins
Tocar instrumentos

LIVRO

Diário de um banana
Desventuras em série
Minha vida fora de série

MATÉRIA PREFERIDA

História
Matemática
Geografia

TIPO DE MENINOS

Mauricinho
Largados
Autênticos

NÃO SAIO SEM

Salto
Rímel
Perfume

DOCE PREFERIDO

Bombom com creme de avelã
Pirulito
Pudim

REDE SOCIAL PREFERIDA

Twitter
Instagram
YouTube

SAPATO PREFERIDO

Bota
Tênis
Sandália

PARTE DO CORPO QUE MENOS GOSTO

Cabelo
Nariz
Boca

BRINCADEIRA DE RUA PREFERIDA

Esconde-esconde
Polícia e ladrão
Futebol

FILME PREFERIDO

High School Musical
Camp Rock
Lemonade Mouth

Tá tudo assinalado?
Agora é só virar a página e descobrir minhas preferências.

BELA FERNANDES

Comida preferida: Tomate.

Cor: Preto.

Música: Pop.

Ídolo/Crush: Justin Bieber.

Sonho de viagem: Egito.

Comida que não gosta: Feijão.

Estilo de roupa: Tumblr.

Hobby: Tocar instrumentos.

Livro: *Desventuras em série.*

Matéria preferida: História.

Tipo de meninos: Autênticos.

Não saio sem: Rímel.

Doce preferido: Bombom com creme de avelã.

Rede social preferida: Instagram.

Sapato preferido: Bota.

Parte do corpo que menos gosto: Nariz.

Brincadeira de rua preferida: Polícia e ladrão.

Filme preferido: *High School Musical.*

Agora é a sua vez! Preencha aqui os seus preferidos.

Comida preferida: ______________________

Cor: ______________________

Música: ______________________

Ídolo/Crush: ______________________

Sonho de viagem: ______________________

Comida que não gosta: ______________________

Estilo de roupa: ______________________

Hobby: ______________________

Livro preferido: ______________________

Matéria preferida: ______________________

Tipo de meninos: ______________________

Não saio sem: ______________________

Doce preferido: ______________________

Rede social preferida: ______________________

Sapato preferido: ______________________

Parte do corpo que menos gosto: ______________________

Brincadeira de rua preferida: ______________________

Filme preferido: ______________________

Gente, já escrevi tanto que até me perdi nas páginas e agora, sinto dizer, tenho de me despedir.

Foi uma delícia sentar e relembrar momentos tão importantes da minha trajetória.

#aVidadeBela tem um misto de tudo o que vivi.

Gostou? Comente com seus amigos, porque ler é muito bom.
Até a próxima, meus amores.

Beijos

Bela Fernandes.

Direção editorial
Daniele Cajueiro

Editora responsável
Janaina Senna

Produção editorial
Adriana Torres
Mariana Bard
Nina Soares

Editor de texto e consultor literário
Bruno Meyer

Copidesque
Stéphanie Roque

Revisão
Carolina Vaz
Júlia Ribeiro

Capa, projeto gráfico e diagramação
Larissa Fernandez Carvalho
Leticia Fernandez Carvalho

Fotos de capa e miolo
Rodrigo Takeshi

Outras fotos
Viviane Prata (p. 10, canto inferior esquerdo)
Acervo Discovery Kids (p. 24-25, 96, 99, 100-101)
Lucilia Ribeiro | Voilà Memórias (p. 62-63)
Gabriel Cardoso | SBT (p. 106)
Lourival Ribeiro | SBT (p. 106)
Criativy Estúdio | Charles Sartori (p. 124-125)
Acervo pessoal (p. 10-11, 15, 23, 52, 64, 67, 83, 87, 108, 111)

Tratamento de fotos
Edição da Imagem

Stylists
Gabbi Barbosa
Samara Manzano

Maquiador e cabeleireiro
Moisés Oliveira

Assistente de beleza
Paty Gurenkoff

Este livro foi impresso em 2020
para a Pixel.